A CULTURA NO PLURAL

MICHEL DE CERTEAU

tradução
Enid Abreu Dobránszky

A CULTURA NO PLURAL

PAPIRUS EDITORA

Título original em francês: *La culture au pluriel*
© Éditions du Seuil, 1993

Tradução	Enid Abreu Dobránszky
Capa	Fernando Cornacchia e Antonio César de Lima Abboud
Copidesque	Margareth Silva de Oliveira
Revisão	Caroline N. Vieira e Lúcia Helena Lahoz Morelli

Dados Internacionais de Catalogação na Publicação (CIP)
(Câmara Brasileira do Livro, SP, Brasil)

Certeau, Michel de
   A cultura no plural/ Michel de Certeau; tradução de Enid Abreu Dobránszky. – 7ª ed. – Campinas, SP: Papirus, 2012. – (Coleção Travessia do Século)

Título original: La culture au pluriel.
Bibliografia.
ISBN 978-85-308-0330-8

1. Antropologia   2. Antropologia social   3. Cultura – História   4. História social   I. Título.   II. Série.

12-08319   CDD-909

Índice para catálogo sistemático:

1. Cultura: História   909

7ª Edição – 2012
9ª Reimpressão – 2025
Tiragem: 100 exs.

Exceto no caso de citações, a grafia deste livro está atualizada segundo o Acordo Ortográfico da Língua Portuguesa adotado no Brasil a partir de 2009.

Proibida a reprodução total ou parcial da obra de acordo com a lei 9.610/98.
Editora afiliada à Associação Brasileira dos Direitos Reprográficos (ABDR).

DIREITOS RESERVADOS PARA A LÍNGUA PORTUGUESA:
© M.R. Cornacchia Editora Ltda. – Papirus Editora
R. Barata Ribeiro, 79, sala 316 – CEP 13023-030 – Vila Itapura
Fone: (19) 3790-1300 – Campinas – São Paulo – Brasil
E-mail: editora@papirus.com.br – www.papirus.com.br

SUMÁRIO

A INVENÇÃO DO POSSÍVEL 7
PREFÁCIO 17

PARTE I
EXOTISMOS E RUPTURAS DA LINGUAGEM

1. AS REVOLUÇÕES DO "CRÍVEL" 23
2. O IMAGINÁRIO DA CIDADE 41
3. A BELEZA DO MORTO 55
4. A LINGUAGEM DA VIOLÊNCIA 87

PARTE II
NOVOS MARGINALISMOS

5. AS UNIVERSIDADES DIANTE DA CULTURA DE MASSA 101
6. A CULTURA E A ESCOLA 123
7. MINORIAS 145

PARTE III
POLÍTICAS CULTURAIS

8. A ESTRUTURA SOCIAL DO SABER	163
9. A CULTURA NA SOCIEDADE	191
10. O LUGAR ONDE SE DISCUTE A CULTURA	221
CONCLUSÃO: ESPAÇOS E PRÁTICAS	233

A INVENÇÃO DO POSSÍVEL

Historiador da primeira modernidade da Europa, do século XVI ao XVIII, Michel de Certeau privilegiou o estudo do campo religioso e da experiência dos místicos, nessas épocas tumultuadas em que a tradição cristã se fragmentava em Igrejas rivais, quando os mais lúcidos viam se obscurecerem os sinais de Deus e se encontravam obrigados a buscar no segredo da aventura interior a certeza de uma presença divina que se tornara inapreensível[1] no exterior. Acerca desse processo de emancipação Certeau investigou com respeito e uma espantosa delicadeza os caminhos obscuros, não para julgar uns ou outros, nem para apontar o domínio da verdade e do direito legítimo, mas para aprender com o passado como um grupo social supera o eclipse da sua crença e chega a obter benefício das condições impostas para inventar sua própria liberdade, criar para si um espaço de movimentação.

Essa maneira de ler a história cultural e social, Certeau a constituíra no entrecruzamento das disciplinas e dos métodos, associando à história e à antropologia os conceitos e os procedimentos da filosofia, da linguística e da psicanálise. Não porque estivesse em busca de um ecletismo cômodo ou de um sincretismo conciliador, mas porque desejava captar novamente cada momento histórico na multiplicidade de seus componentes e a contradição de seus conflitos e porque desconfiava da imposição anacrônica, às sociedades passadas, da grade que recorta atualmente os nossos conhecimentos. Com *L'écriture de l'histoire* (1975), uma reflexão rigorosa e nova sobre a epistemologia da história, ele se tornou conhecido para a tribo historiadora que já havia notado sua documentação sobre *La possession de Loudun* (1970). Nessas duas obras, mostrava ele igualmente como o historiador sempre produz a escritura da história a partir do presente, de sua relação com os poderes que o governam, das questões cuja resposta um grupo social procura necessariamente e que ele transporta, à falta de coisa melhor, para o passado para tomar distância ou exorcisar os perigos do presente.

Com essa concepção de história, não surpreende que Certeau tenha associado aos seus primeiros estudos um posto de observação e de elucidação voltado para o presente, para constrangimento da nossa sociedade. Ele chegou a esse segundo campo de pesquisa em maio de 1968, sob a pressão das circunstâncias em certo sentido; então redator da revista Études, um periódico mensal de cultura geral, publicado pela Companhia de Jesus à qual pertencia, havia acompanhado e comentado os "acontecimentos", como se dizia na época, em uma série de artigos escritos no calor da hora, reunidos logo depois em um pequeno volume, *La prise de parole* (1968), cujo tom bastante pessoal e cuja perspicácia iriam logo fazer parte de sua lenda.[2] A fama desses textos iria lhe valer numerosos convites para colaborar em diversos pareceres, pesquisas e reflexões. Ele entrou, assim, em contato com pesquisadores sociais, chefes de Casas da Cultura, círculos informais de docentes e de estudantes, mas também de altos funcionários encarregados de prever, na Comissão do Plano ou na assessoria de diversos ministérios, as evoluções da sociedade francesa.

Esses encontros, estudos, experiências lhe proporcionaram igualmente oportunidades de aprofundar sua própria reflexão, de se desviar das generalizações apressadas e vagas, dos lugares-comuns que haviam durante muito tempo servido de doutrina oficial da ação cultural. Certeau procurava ver mais profundamente e mais longe, aspirando a compreender de onde uma sociedade obtém a base de sua compreensão e de sua fantasia, e repetia sempre que nenhuma ação cultural ou política que seja inventiva e apoiada no real pode nascer de uma deficiência do pensamento ou se alimentar do desprezo do próximo. Ele desconfiava da visão, tão generalizada, que concebia a ação cultural e social como uma chuva benéfica que levava à classe popular as migalhas caídas da mesa dos letrados e dos poderosos. Estava igualmente convencido de que nem a invenção, nem a criatividade são apanágio dos profissionais do assunto e que, dos práticos anônimos aos artistas reconhecidos, milhares de redes informais fazem circular, nos dois sentidos, os fluxos de informação e garantem esses intercâmbios sem os quais uma sociedade se asfixia e morre.

A reflexão feita paralelamente a todos esses encontros, Certeau formulou-a em uma série de artigos publicados entre 1968 e 1973, depois reunidos na primeira edição deste volume (1974). O todo dizia respeito à vida social e à inserção da cultura nessa vida. Porém, o que ele apontava sob esse termo ambíguo "cultura"? Esta questão constitui o centro do livro. Deixemos a ele a tarefa de respondê-la. "Para que haja verdadeiramente cultura, não basta ser autor de práticas sociais; é preciso que essas práticas sociais tenham significado para aquele que as realiza" (cap. 6); pois a cultura "não consiste em receber, mas em realizar o ato pelo qual cada um *marca* aquilo que outros lhe dão para viver e pensar" (*ibid.*). Por conseguinte, estamos muito longe da divisão condescendente entre uma cultura letrada a ser difundida e uma cultura popular a ser comentada de um pouco mais acima, como se repetem "frases infantis" sem lhes dar muita importância. Mas nos encontramos também a igual distância de um intercâmbio de bens culturais que instalaria o "bom povo" no consumo passivo dos produtos disponíveis.

Sob a perspectiva de Certeau, toda cultura requer uma atividade, um modo de apropriação, uma adoção e uma transformação pessoais, um intercâmbio instaurado em um grupo social. É exatamente esse tipo de "culturação", se assim podemos dizer, que confere a cada época sua fisionomia própria: "Entre uma sociedade e seus modelos científicos, entre uma situação histórica e o instrumento intelectual que lhe é adequado, existe uma relação que constitui um sistema cultural" (cap. 8). Assim entendida, a cultura não é nem um tesouro a ser protegido dos danos do tempo, nem um "conjunto de valores a serem defendidos"; ela significa simplesmente "um trabalho que deve ser realizado em toda a extensão da vida social" (cap. 9). É, ao mesmo tempo, menos, se nos referimos à ideia de patrimônio, e muito mais, se nos ocupamos da atividade social contemporânea, como proclamavam os louvadores da "cultura erudita". Que tais afirmações tenham vindo de um historiador familiarizado com os séculos XVI e XVII e a época barroca, avesso às sutilezas da arte de persuadir e à Renascença não poderia senão irritar ou ser relegado à categoria das impertinências e outras inconveniências, atribuídas aos malefícios subsistentes de maio de 1968. Não se deixou de fazê-lo.

Certeau praticamente ignorou-o, inteiramente ocupado em atacar com vigor a celebração estabelecida da "*cultura no singular*", que ele criticava por ser sempre traduzida como "o *singular de um meio*" (cap. 10). Daí sua vontade de substituir essa cultura no singular, que "impõe sempre a lei de um poder", por uma outra concepção, centrada na "*cultura no plural*", que conclama incessantemente pelo combate (Conclusão).

A viagem de uma maneira de ver as coisas para outra começa com esta constatação: há uma crise das representações que mina a autoridade, palavras outrora eficazes se "tornaram não-críveis, uma vez que não abrem as portas cerradas e não mudam as coisas" (cap. 9). Como explica no primeiro capítulo, toda representação articula e exprime uma convicção, a qual funda, por sua vez, a legitimidade da autoridade: lá onde o crer deixa de estar presente nas representações, a autoridade, agora sem fundamento, é logo abandonada e seu poder desmorona, minado do interior. Se o capítulo 3, por sua vez, desqualifica a noção aceita de "cultura popular", é mostrando como ela resultou de uma construção deliberada com fins políticos: no século XIX, concordava-se em louvar a inocência e o vigor da cultura popular quanto mais se tratava de apressar sua morte; melancólico, o capítulo termina com esta certeza: "sem dúvida, será sempre necessário um morto para que haja fala". Na memória dos celebrantes, nada pode destruir "a beleza do morto".

Mais otimista, o capítulo 5 sugere à universidade tornar-se "um laboratório que produza uma cultura de massa adequando os métodos às questões e às necessidades", mas constata que a universidade se refugia de bom grado em uma tarefa mais familiar, em que "se transforma em filtro que opõe uma `disciplina' às pressões". Para se tornar outra, deveria satisfazer uma condição prévia: produzir essa cultura em uma língua que não seja estranha à grande maioria, algo impensável em um meio em que a menor veleidade de simplificar a ortografia provoca uma avalanche de protestos vindos de todas as partes – "a ortografia é uma ortodoxia do passado" (cap. 6), sempre pronta a lançar batalhões na defesa do "tesouro da língua francesa".[3]

Relendo este livro, cerca de 20 anos depois de sua primeira edição, verificamos que os objetos dos quais ele trata ainda estão no centro das nossas preocupações, ainda que nossos modos de situá-los tenham mudado um pouco. No conjunto, o conteúdo das análises suportou bem a prova do tempo, o pensamento conserva todo seu vigor e a pena, toda sua perspicácia. Por vezes, aqui ou ali, surge uma palavra que deixou de nos ser familiar. A língua escrita sofre, também ela, os efeitos da moda, as palavras se impõem, como que por si, durante um tempo, em certos contextos de reflexão, com base em um certo *corpus* de textos. Assim ocorre, várias vezes, com "repressão", um termo familiar aos atores de maio de 1968: "a função social – isto é, em primeiro lugar repressora – da cultura letrada" é posta em causa no capítulo 3; mais adiante (cap. 8) a palavra retorna com insistência, referindo-se a Herbert Marcuse, que, por sua vez, a tomara emprestada a Freud, uma filiação que Certeau lembra e comenta.

Mais do que a utilização repetida de tal expressão hoje esquecida, mais do que as alusões a experiências sociais outrora conhecidas de todos, como o caso Lip,[4] a data dessas páginas revela-se pelas menções de dois elementos estruturais da vida social, mas cujo papel mudou consideravelmente. Há, em primeiro lugar, tudo aquilo que se relaciona ao "trabalho", quer se trate da condição social do trabalho nas cidades (cap. 2), quer do desejo, em 1968, de eliminar "a divisão social do trabalho" (cap. 5). É evidente que Certeau escrevia no quadro de uma sociedade de pleno emprego, em que era possível denunciar mais veementemente a alienação no trabalho, uma vez que este não faltava a ninguém.

Do mesmo modo, quando analisa a situação da escola (cap. 6) ou a das minorias e de suas culturas regionais (cap. 7), Certeau menciona várias vezes a ação decisiva dos sindicatos: era verdade na época em que, com o pleno emprego, um pequeno número de confederações sindicais bem sólidas podia praticamente tratar de igual para igual as autoridades políticas, o que deixou de sê-lo em virtude da recessão econômica e da perda de credibilidade das organizações sindicais. A crise das representações, que Certeau diagnosticava nos outros setores da vida social, desde então atingiu a atividade sindical.

Outro exemplo da diferença de contextos: quando Certeau discute a violência (cap. 4), refere-se ao terceiro mundo, às lutas revolucionárias, às guerras de independência, cita o Vietnã, o Chile. Atualmente, pensamos nas violências "étnicas" ou nas lutas entre facções, na antiga Iugoslávia imersa no horror, na Somália, nos assassinatos dos intelectuais argelinos, nas desgraças sem fim dos palestinos. Nesse capítulo, Certeau fala em termos hegelianos da violência, primeiro modo de expressão daquilo que depois encontrará seu lugar e sua pertinência nos conflitos sociais; hoje, a esse vocabulário hegeliano viria antes substituir a questão da anomia e do desespero dos "excluídos".

Sem negar essas marcas de uma época, no entanto, podemos sentir uma estranha alegria em companhia de "uma inteligência... sem medo, sem desalento e sem orgulho",[5] de um espírito que percorre o tecido social com uma imensa curiosidade, com uma secreta ternura também pela multidão anônima. À sua maneira livre de qualquer interesse, esse livro é essencialmente um *texto político*, uma lição de liberdade: "a política não garante a felicidade nem confere significado às coisas. Ela cria ou recusa condições de possibilidades. Ela proíbe ou permite: torna possível ou impossível" (cap. 9). Esta foi verdadeiramente a aspiração que moveu Michel de Certeau durante sua vida: *inventar*

13

o *possível*, ocupar um espaço de movimentação onde possa surgir uma liberdade. A história nos ensina que o recurso mais difícil de ser posto em ação é a força para começar. Parece-me que essas análises lúcidas, perspicazes nos comunicam ainda hoje essa força para começar, esse primeiro impulso para o movimento.[6]

Para estabelecer esta nova edição, baseei-me na segunda edição (Christian Bourgois 1980), da qual o autor fez uma revisão cuidadosa. Introduzi apenas uma pequena modificação, colocando em seguida os prefácios das duas edições, salvo algumas linhas do primeiro, que já não tinham mais razão de ser. Corrigi alguns erros tipográficos que haviam escapado ao autor em 1980 e acrescentei, entre colchetes no texto, algumas especificações que me pareceram necessárias aos leitores atuais. No mesmo sentido, completei algumas referências em nota de rodapé e acrescentei outras, sempre assinaladas com minhas iniciais, para evitar qualquer confusão. Finalmente, fiz um índice dos autores citados.

Salvo o prefácio e a conclusão, os textos deste volume haviam sido publicados anteriormente como artigos isolados. Para reuni-los na forma de um livro, em 1974, o autor fez sua revisão e algumas correções. Eis as referências de sua primeira publicação:

Capítulo 1: "Les révolutions du croyable", em *Esprit*, fevereiro de 1969, pp.190-202. Capítulo 2: "L'imaginaire de la ville, fiction ou vérité du bonheur?", em *Recherches et débats*, n. 69, intitulado *Oui au bonheur*, 1970, pp. 67-76. Capítulo 3: "La beauté du mort: Le concept de `culture populaire'", em *Politique aujourd'hui*, dezembro de 1970, pp. 3-23. Capítulo 4: "Le langage de la violence", em *Le Monde Diplomatique*, n. 226, janeiro de 1973, p.16. Capítulo 5: "L'université devant la culture de masse", em *Projet*, n. 47, julho-agosto de 1970, pp. 843-855. Capítulo 6: "La culture et l'enseignement", *ibid.*, n. 67, julho-agosto de 1972, pp. 831-844. Capítulo 7: "Minorités", em *Sav Breizh. Cahiers du combat breton* (Quimper), n. 9, julho-agosto de 1972, pp. 31-41. Capítulo 8: "Savoi et société. Une `inquiétude nouvelle' de Marcuse à mai 68", em *Esprit*, outubro de 1968, número intitulado *Le partage du savoir*, pp. 292-312. Capítulo 9: "La culture dans la société", em *Analyse et prévision*, número especial intitulado *Prospective du développement culturel*, outubro de 1973, pp. 180-200; este texto constituía o "relatório de introdução" preparado para o colóquio europeu *Prospective du développement culturel* (Arc-et-Senans, abril de 1972), no qual Michel de Certeau foi o principal relator. Capítulo 10: "Quelques problèmes méthodologiques", *ibid.*, pp. 13-30; este último texto foi a conferência inaugural do Colóquio de Arc-et-Senans.

Luce Giard

Notas

1. A bibliografia completa do autor, assim como uma reunião de estudos sobre sua obra, encontra-se em Luce Giard *et al., Le voyage mystique*. Michel de Certeau, Paris, Cerf e RSR, 1988. Também podem ser consultados: Luce Giard (org.), *Michel de Certeau*, Paris, Centre Georges-Pompidou, "Cahiers pour un temps", 1987; Luce Giard, Hervé Martin e Jacques Revel, *Histoire, mystique et politique. Michel de Certeau*, Grenoble, Jérôme Millon, 1991; Claude Geffré (org.), *Michel de Certeau ou la différence chrétienne*, Paris, Cerf, Cogitatio fidei, 1991; Luce Giard, "Michel de Certeau", em J.-F.Mattéi (org.), *Encyclopédie philosophique universelle*, III. *Les oeuvres philosophiques*, Paris, PUF, 2, 1992, pp. 3112-3113.

2. Uma nova edição, aumentada com outros escritos políticos, foi publicada na mesma coletânea em fevereiro de 1994.

3. Acerca desse tema, ver seu livro (em colaboração com Dominique Julia e Jacques Revel) *Une politique de la langue. La révolution française et le patois: L'enquête de Grégoire*, Paris, Gallimard, 1975.

4. Acerca do caso Lip, que constituiu um extraordinário eco de 1973 a 1976, ver Brigitte Camus-Lazaro, "Lip: Les marches de l'utopie", em *Le Monde*, 13-14 de junho de 1993; Claude Neuschwander e Gaston Bordet, *Lip, vingt ans après*, Paris, Syros, 1993.
5. Marc Augé, "Présence, absence", em L.Giard (org.), *Michel de Certeau*, Paris, Centre Georges-Pompidou, 1987, p. 84.
6. Poder-se-iam alistar os três livros de Certeau sobre a cultura, *La prise de parole* (1968), este (1974), *L'invention du quotidien* (1980, nova edição 1990). Verificaríamos que esta obra ocupa na cronologia a posição intermediária, como para a definição dos conceitos que estruturam o livro mais bem-sucedido, o de 1980, cuja influência foi enorme, dentro e fora da França. As noções-chave de *L'invention du quotidien*, como o par "estratégia" e "tática", ou o de "atividade", ou ainda o recurso a uma linguística da enunciação, todos esses traços já estão esboçados nos últimos capítulos desta coletânea. Esta *Cultura no plural* pode legitimamente servir de introdução à antropologia política de Certeau, exatamente como *L'étranger ou l'union dans la différence* (1969, nova edição 1991) pode ser uma introdução à sua história da mística e da vida interior.

PREFÁCIO

Estes estudos sobre a cultura levam a uma "conclusão" que poderia ser sua introdução. Sua comparação foi construída com base nesse ponto terminal. As perspectivas finais indicam a maneira pela qual eu desejaria redirecionar todos esses trabalhos para novas tarefas e outras lutas. O refluxo da etapa atual sobre a qual eu os esbocei constitui este próprio livro.

Ele nasceu de pesquisas coletivas e conversas das quais, pelo menos em um dos casos, preservo explicitamente a forma de diálogo. Ele contém um artigo escrito a seis mãos: Dominique Julia, Jacques Revel e eu. Meu desejo era colocar o conjunto sob o signo dessa escrita plural. Esta obra visa a uma desapropriação da cultura, simultaneamente a uma passagem a práticas de significação (a operações produtoras). Ela se dirige para um apagamento da propriedade e do nome próprio. Esse caminho nos conduz, sem que eu seja ainda capaz de fazê-lo, para o mar anônimo no qual a criatividade murmura um canto violento. A origem da

17

criação é mais antiga do que seus autores, supostos sujeitos, e ultrapassa suas obras, objetos cujo fechamento é fictício. Um indeterminado se articula nessas determinações. Todas as formas da diferenciação remetem cada passagem a uma obra de outrem. Essa obra, mais essencial do que seus suportes ou suas representações, é a *cultura*.

[1974]

Depois de seis anos, no que se transformou um livro? Passos ainda esboçados e paisagens de travessias. Desde então, outras pesquisas produziram *L'invention du quotidien*,[1] que não mais está relacionada às formas acadêmicas, populares ou marginais, imaginárias ou políticas da cultura, mas à operacionalidade e à virtuosidade das práticas correntes, dinâmica infinita da cotidianidade. Trata-se, talvez, de uma passagem do "plural" ao múltiplo e de figurações sociais no solo móbil que elas articulam.

De um e de outro lado, algumas questões habitam essas viagens em terras estrangeiras, das quais se compõe uma sociedade. Seria mais exato dizer que elas assombram esses trabalhos, uma vez que não é certo que essas indagações sejam passíveis de um tratamento direto. Eu me pergunto, particularmente, acerca das relações que as redes de *operações* mantêm com os campos de *credibilidade*. Tudo leva a crer que essas redes e esses campos não constituem de modo algum sistemas coerentes; pelo contrário, um movimento de práticas browniano atravessa de lado a lado os estratos sociais, empilhados como numa rocha, muitas vezes quebrados e misturados, cujos equilíbrios suas instituições garantem parcialmente e permitem sua gestão. Consequentemente, é preciso perguntar-se como uma combinatória de forças em competição ou em conflito desenvolve um grande número de táticas em espaços organizados, ao mesmo tempo, por coerções e por contratos.

Este livro trata sobretudo de instituições culturais, que formam apenas uma das instâncias da ação em "obra" em uma hierarquização social. Mas desde já ele está cercado pelo exame de duas outras instâncias: uma diria respeito a *uma antropologia da credibilidade*, dos seus deslocamentos e metamorfoses desde as chamadas "superstições" até as ciências ou a mídia; a outra deveria ser vista dentro de *uma ciência tática* (ou "lógica") *das maneiras de fazer*, lances felizes, destreza e ardis cotidianos. Canteiros abertos.

Se, em cada sociedade, os jogos explicitam a formalidade de suas práticas porque, fora dos combates da vida cotidiana, não é mais necessário escondê-la, então o velho jogo do ganso se torna uma espécie de mapa no qual, em uma série de lugares e segundo um conjunto de regras, se manifesta uma *arte* social de jogá-lo, de criar seus itinerários e de tirar proveito das surpresas da sorte. É um modelo reduzido, uma ficção teórica. Na verdade, a cultura pode ser comparada com essa arte, condicionada pelos lugares, regras e dados; ela é uma proliferação de invenções em espaços circunscritos.

[1980]

Nota

1. Cf. *L'invention du quotidien* (1980): t. I. Michel de Certeau, *Arts de faire*, nova edição, Gallimard, col. "Folio", 1990; t. II. Luce Giard e Pierre Mayol, *Habiter, cuisiner*, nova edição, *ibid.*, 1994.

PARTE I
EXOTISMOS E RUPTURAS DA LINGUAGEM

১
AS REVOLUÇÕES DO "CRÍVEL"

Contra a inconsciência

No sentido mais amplo do termo,[1] as autoridades exprimem uma realidade de difícil determinação, embora necessária: o ar que torna uma sociedade respirável. Elas permitem uma comunicação e uma criatividade sociais, pois fornecem a uma *referências* comuns e à outra vias *possíveis*. Definição aproximativa que será preciso delimitar.

Elas também se degeneram, mas é ao se asfixiarem que se percebe estarem viciadas. As enfermidades da confiança, a suspeita com relação às organizações e às representações políticas, sindicalistas ou monetárias, as formas sucessivas de um mal-estar remanescente nos lembram, hoje, esse elemento esquecido durante as épocas de certeza e que se apresenta como indispensável somente quando está ausente ou se deteriora. Mas se deveria concluir que, sem ar, tudo seria melhor; que, sem autoridades, a sociedade não conheceria mais essas enfermidades? Seria substituir a cura do doente pela sua morte.

Partilho da convicção daqueles que consideram o descrédito da autoridade um dos problemas essenciais postos por uma atmosfera social que se tornou progressivamente irrespirável. Essa circulação anêmica, esse ar viciado, muitos observadores os diagnosticaram na nossa situação. Muitos sabem, igualmente, que não mais basta falar. Os próximos meses irão requerer escolhas. Creio que chegará a hora em que opções fundamentais deverão se manifestar por atos e invocarão as nossas responsabilidades. Essa exigência pode ser avaliada pelo descrédito que atinge nossos "quadros de referência" oficiais e atesta uma mutação do "crível".

Sob esse ponto de vista, dariam prova de uma escandalosa leviandade aqueles que condenassem à destituição um sistema de autoridades, sem preparar sua substituição; aqueles que se atirariam alegremente à violência, sem avaliar a repressão ou o fascismo que ela promoveria; aqueles que se regozijariam diante da perspectiva de assistir à grande devastação, sem se interrogar sobre qual será o preço do espetáculo e quem o pagará – sempre os mesmos, a maioria, os menos favorecidos. Esse júbilo causa-me indignação: inconsciência de intelectuais, arte de *voyeurs*, "greve escatológica". Ainda que a cólera e o utopismo sejam as consequências de uma lógica e, muitas vezes, os sinais de um protesto bastante fundamental – afirmo –, não temos o direito de nos deixar arrastar por eles: por senso político, por cautela em não substituir uma responsabilidade compartilhada pelo terrorismo de uma "elite", por respeito às fidelidades e às opções espirituais necessariamente ligadas ao risco de existir em sociedade.

Mas, pela mesma razão e porque as escolhas devem ser, hoje em dia, declaradas como tomadas de posições pessoais, solidarizo-me com aqueles que desejam "estabelecer a verdade" e reconquistar, em seus fundamentos democráticos, uma organização social da autoridade: eles têm a coragem de ver e de dizer o que veem; recusam-se, com justo direito, a deitar fora o bebê com a água do banho (tomar por "autoridades" os poderes e as tradições que apenas *se utilizam* daquilo que se supõe que devam *representar*); contestam as terapias desprezíveis que anestesiam uma sociedade, que alimentam uma irresponsabilidade para dela tirar proveito e que exploram um mal-estar para benefícios imediatos, cujas consequências a longo prazo são por demais previsíveis.

Entre duas formas de inconsciência, a que se recusa a ver os destroços e a que se exime de reconstruir, a que nega o problema e a que renuncia a buscar uma solução, devemos sondar atentamente as vias da lucidez e da ação. Há uma relação entre constatar o descrédito e executar o trabalho. Considerar novamente esses dois momentos que se opõem será talvez revelar com maior clareza, nas autoridades, a condição latente e móvel de toda organização social. Se, como creio, elas permitem que cada um articule sua relação com os outros com sua relação com a verdade, representam o que não é nunca adquirido e aquilo que é, portanto, impossível dispensar: uma credibilidade.

O não crível

"É difícil crer em qualquer coisa." Ouvimos ontem, na televisão, uma jovem comunista iugoslava dizer isso. Ela estava preparada para defender seu país contra a URSS, embora houvesse acreditado na grande pátria do socialismo. Não que julgasse serem menos necessários laços estreitos com o bloco vizinho. Mas alguma coisa desmoronara silenciosamente nela. Não tinha mais um lugar, nem nome que lhe confirmasse a veracidade das suas exigências. Restava somente, por razões políticas ou estratégicas, uma aliança útil.

Em muitos países, as confianças também soçobram. Violenta ou surdamente. "Valores" que se apoiavam em adesões e todo um sistema de participações caem. Não "se" acredita mais nisso. "Se" quem? E como isso aconteceu? É quase impossível determiná-lo. O fenômeno torna-se visível apenas quando ocorre. De sua lenta preparação existem somente sinais a posteriori, quando "está feito", quando o resultado está lá, como em torno de um morto recordamos seu passado, subitamente marcado por presságios até então desapercebidos. Assim, atualmente, as tradições são contestadas; os patriotismos, desmistificados; as regras e os ritos, destruídos; os "antigos" são desacreditados... a nos fiarmos nas notícias vindas da África, da América e da Europa assim como no que vimos. Como foi, então, que isso aconteceu? Seria o caso de dizer que esse estranho desapego adultera todas as terras que a civilização "ocidental" tocou e reencontrar, com as localizações do mal, o mapa do seu império, que assim se desfaz? Mas ninguém ousaria responder atualmente a tais perguntas.

Quaisquer que sejam as suas modalidades ou sua extensão em outra parte, o descrédito das autoridades é vivenciado por nós. Os sintomas multiplicam-se. Eles impedem que o problema seja eliminado, isolando-o em um determinado setor, político, religioso ou social. Ressurgindo em toda parte, eles afetam todos os "valores", os do regime, os da pátria, os das Igrejas ou os da Bolsa. Dissemina-se uma desvalorização. Até mesmo onde ela é compensada e oculta reaparece sob outra forma. Os dogmas, os saberes, os programas e as filosofias perdem sua credibilidade, sombras sem corpos que nem a mão, nem o espírito podem capturar e cuja evanescência irrita ou engana o gesto que ainda os procura; eles nos deixam, muitas vezes persistentemente, apenas a ilusão ou a vontade de "sustentá-los".

Com efeito, até mesmo naqueles que dizem e repetem que é preciso "sustentar" as verdades ou as instituições de outrora, essa vontade revela o contrário do que pensa ou afirma. Ela desloca a questão. Apoia-se em uma *necessidade* quando seria preciso que uma *realidade* correspondesse a essa necessidade. É indispensável uma ordem, declara-se; o respeito a "valores" é necessário ao bom funcionamento de um partido, de uma Igreja ou da Universidade; a confiança condiciona a prosperidade. Sem sombra de dúvida. Mas não é menos verdade que falta a convicção. Agir *como* se ela existisse e porque seja uma fonte de benefícios nacionais ou particulares é substituir sub-repticiamente o verídico pelo *utilitário*; é imaginar uma convicção pela simples razão de que dela se necessita, declarar uma legitimidade porque ela preserva um poder, impor a confiança ou fingi-la em virtude de sua rentabilidade, reivindicar a crença em nome de instituições cuja sobrevivência se torna o objetivo fundamental de uma política. Estranha inversão! Apegamo-nos às expressões, e não mais ao que elas exprimem; aos benefícios de uma adesão, mais do que à sua realidade. A defesa dos "valores", ao privilegiar o serviço que eles prestam a um grupo, já desmente o que proclamam; ela os dá por perdidos a partir do momento em que os justifica na qualidade de um benefício. À boca pequena, quantos "realistas" ou "conservadores" confessam, assim, a desvalorização que combatem em altos brados!

Outros têm, sem dúvida, razão: as "crianças" não aceitam mais um espetáculo imposto em nome da utilidade e, diante do desfile das autoridades, ousam bradar que estão nuas. Esse jogo torna-se impossível e elas proclamam abertamente os interesses que ele oculta.

Muitos intelectuais responderão que coisas desse tipo devem ser caladas, ainda que verdadeiras. E, com efeito, defendem desse modo algo que é indispensável a toda sociedade: uma ordem, razões comuns de viver. Mas, para manter manifestações sociais, acabam por recusar o exame do qual as autoridades devem ser objeto para ser "aceitas", isto é, para cumprir seu papel; eles se esquecem de que essa ordem apenas se intitula à legitimidade mediante as adesões e as participações que ela organiza.

Prefiro a lucidez, talvez cruel, que busca as autoridades responsáveis começando por um exame das situações reais. A ilusão não levará à veracidade. Do mesmo modo, devemos ratificar o que existe, o fenômeno que se espalha, que não basta descrever, mas, antes de mais nada, constatar: cada vez mais os militantes buscam uma causa que merece sua generosidade, sem traí-la, mas não mais a encontram. São os apátridas de uma exigência que não mais possuem representações sociais, mas que admitirão apenas um solo e referências em que se possa acreditar.

A emigração

Esses militantes sem causa pertencem talvez a uma geração de meios-soldos, privados de suas campanhas do passado e capazes somente de adicionar ao tédio de um trabalho (que se tornou sua própria razão de ser) a evocação das grandezas de outrora. Uma cumplicidade geral parece lhes dar razão, uma vez que as cerimônias oficiais e a televisão privilegiam a repetição dos mesmos funerais. Sobram-nos aniversários e nos falta presente. O país festeja as grandezas e as celebridades que constituíam, até pouco tempo, signos de congraçamento, mas que não mais o são e dos quais se tem necessidade apenas para se reassegurar, para se distrair ou para acrescentar à prosa dos dias a relíquia de antigas galas. Os mortos são incessantemente celebrados. Como se espantar com o nascimento da necessidade de outras festividades? A casa enche-se de objetos comemorativos, constantemente tirados de suas caixas e de seus envoltórios. Essa acumulação de lembranças não fala de valores senão no passado, como se a enorme expansão de uma sociedade, tal como essas árvores ainda luxuriantes cujo coração já está morto, não tivesse para se justificar senão um centro inerte: o túmulo do passado. A preocupação com o "espírito" protege-se com velhas pedras precárias e coroa os antigos combatentes.

A bem da verdade, o fato mais característico é de uma outra espécie. As instituições produzem hoje mais emigrados do que meios-soldos; os que partem são mais numerosos do que os nostálgicos. O profeta Ezequiel, hábil na construção de uma língua imaginativa, fornece-nos, a esse respeito, uma "visão" que, atualmente, toma um outro significado, porém sempre terrível. Ele vivia no tempo em que Jerusalém, conquistada pelos babilônios, estava à mercê de deportações e onde os cidadãos poupados acreditavam ter se tornado a elite ao permanecer, eles próprios, dentro dos muros sagrados. O profeta viu o carro dos quatro querubins da "glória" de Javé se elevar acima do Templo e abandonar a cidade.[2] O Espírito desertava da cidade. Esvaziara-se o sentido do edifício das instituições, e aqueles que o ocupavam "sustentavam" apenas pedras, um solo e aparatos – possessão ilusória do espírito. Para Ezequiel, o invisível solo de seu povo havia deixado essa terra e tomado o caminho dos exilados.

Ocorre-nos algo semelhante. Dá-se um exílio. Monumentos cujos conservadores nomeados julgam guardar a verdade ocupando-os, muitas instituições parecem abandonadas exatamente por aqueles que se querem fiéis a uma exigência da consciência, da justiça ou da verdade. Aquele que emigra, por vezes com grande barulho e protestos, porém o mais das vezes silenciosamente e como uma água a escorrer, é a *adesão* – a dos cidadãos, a dos filiados a um partido ou a um sindicato, a dos membros de uma Igreja. O próprio espírito que animava as representações as abandona. Ele não desapareceu. Está em outro lugar, no estrangeiro, longe das estruturas que sua partida transforma em espetáculos lamentáveis ou em liturgias da ausência. E, se tantos personagens importantes empregam hoje um tom ameaçador ou lamentoso para protestar ao céus contra um tempo desprovido de virtudes, não é, segundo a imagem do profeta, porque um "espírito" não mais exista; é somente porque ele não mora mais com eles. Ele não falta. Ele *lhes* falta.

Essa situação paradoxal é perigosa e anormal. Ainda que se admita que uma fermentação cultural, política, espiritual seja bastante real, mas no exílio, não se devem minimizar as consequências nefastas de uma dissociação entre uma linguagem social e aqueles que renunciam a falá-la. Essa cisão dilacera lentamente o tecido de uma cultura. É um estado violento que faz com que a violência prospere: uma "loucura" coletiva multiplica os homens incapazes de suportar o que daria credibilidade aos seus poderes e os emigrados presos na armadilha das recusas, ainda que necessárias. Os contrários desenvolvem-se e fecham-se mutuamente em posições extremas.

É esse estado de fato que se desenvolve nos seus últimos redutos e desmascara (mas esse cinismo, não será ele uma outra máscara?) aqueles que podem explorar apenas as organizações para fins utilitários. Ele desmoraliza também os homens que aderem ainda às instituições por convicção; têm a impressão de bradar inutilmente em meio a ruínas. Alguns acabam por fugir, não para construir em outro lugar, mas por preguiça, abandonando, inertes, os uniformes da sua função, esquecendo suas responsabilidades e encontrando na solidão, na enfermidade, em uma carreira ou nas seduções de "missões" no estrangeiro (para falar da juventude francesa, por que não?) o álibi cuja necessidade a perturbação geral agrava. Outros se tornam inflexíveis, qualificando de diabólica a objeção mais sensata; julgam, portanto, tudo defender, ao se defenderem a si próprios e, literalmente, perdem o senso.

Pelo contrário, há, como se sabe, uma psicologia do emigrado. Ela se defronta com a proliferação e o desmoronamento das ideologias sem comunicação; com o utopismo que provoca a impossibilidade de avaliar, por meio de funções no país, o peso das realidades sociais; com a manutenção de líderes somente a título de um passado heroico; ou com uma história travestida em lenda (eis que "maio" [1968] se torna um Douaumont a mais, lamentavelmente). A emigração espiritual, por ser um fato e uma necessidade, não constitui menos uma enfermidade social cujas manifestações se multiplicam. Uma lógica da ruptura produz suas consequências, antes que intervenham as decisões pessoais ou coletivas: revolução cultural acelerada pela própria censura que deseja ocultar seus efeitos.

A recusa da não significação

Que uma civilização se altere talvez, que, de algum modo estejamos atualmente na nossa linguagem social assim como em uma razão (ou um sistema) cujo fundamento não mais nos seja claro, não se deve disso inferir um distanciamento do homem com relação a si próprio ou o desaparecimento das referências fundamentais que organizam a consciência coletiva e a vida pessoal, mas sim uma falta de coordenação entre essas referências e o funcionamento das "autoridades" socioculturais. Estas se tornam absurdas na medida em que *não mais correspondem* à geografia real do sentido.

Como a distância que separa os muros de Jerusalém e o Espírito que habita em Babilônia, esse deslocamento toma, inicialmente, a forma de uma retirada e de uma eliminação. Cada vez mais opaca, uma vida marginalizada não se reflete mais em nosso sistema de representações. Campo e cidade – e não somente sindicatos ou universidades – são povoados de silenciosos. Não por carecerem de ideias e de discernimento! Mas suas convicções não constituem mais adesões. Um indício, entre muitos outros: ultimamente, durante eleições sindicais em várias empresas (quem nos fornecerá uma estatística desses casos?), os trabalhadores, ao votarem, riscam os primeiros nomes de uma lista; eles decapitam a organização para devolvê-la à base. Como resultado, os dirigentes veem seus nomes barrados, sem que saibam qual mão os cortou nem compreendam por quê.[3] Aqueles que supunham dever representar e dos quais haviam feito uma propriedade sua se tornaram estranhos; foram embora. E é por acaso que essa partida deixa rastros. Quantos dirigentes são abandonados, decapitados em silêncio e ainda não o sabem! Seu poder funciona de modo a não se darem conta da vida secreta, das interrogações novas, das aspirações imensas cujo ruído se distancia a ponto de serem apenas um objeto de temor, de precauções e de táticas.

Sei que é sempre fácil mobilizar os silenciosos e acreditar serem seus delegados tácitos. Mas não se trata de predispô-los ou de recuperá-los para as fileiras de causas já prontas. Sua invisibilidade corresponde somente à rigidez de tantas fachadas caducas. Por trás desses cenários políticos ou dessas liturgias da repetição, opera-se, no entanto, um imenso trabalho interior que, em virtude de uma política de vistas curtas, muitos poderes esforçam-se em não introduzir na discussão pública e congratulam-se por não ouvir. A abstenção, resultado de uma marginalização desse trabalho, manifesta antes, por parte de tantos camponeses, trabalhadores e jovens, uma recusa da não significação.

Essa recusa toma normalmente formas mais violentas. Basta ouvir para se persuadir disto: a violência nasce, inicialmente, de uma rebelião contra as instituições e as representações que se tornaram "não críveis". Ela recusa o não significado. Ela diz *não* ao absurdo. Ela defende um "outro país", privado de signos e desprovido de direitos – esse país estrangeiro que as exigências da consciência constituem e onde se buscam razões comuns para viver. Antes de elaborar teorias acerca da violência, antes de fazer sua apologia, como se ela fosse um valor ou um fim em si (nunca o farei, pois seria, sem sombra de dúvida, um discurso por si mesmo absurdo), é preciso vê-la como um fato de certo alcance. Uma coisa é constatar, no conflito, um elemento impossível de eliminar da experiência humana e, na atual escalada da violência, uma reivindicação tão essencial que renunciar a ela significaria perder o direito e o amor à existência (há causas que valem mais do que a vida); outra coisa é fazer da violência uma lei – posição contraditória que esqueceria por que se luta, que privaria a luta de qualquer sentido, ao privá-la de objetivos verdadeiramente políticos, que renunciaria à instauração revolucionária visada em virtude dos riscos corridos em comum e que rebaixaria a vontade de se tornarem homens conjuntamente a ser apenas a "lei" bestial (ou natural) de uma *struggle for life* .

A violência que surge por toda parte nas fronteiras de regimes autoritários é, antes de mais nada, algo totalmente diferente da selvageria estúpida da qual nos fala sua propaganda. Provinda das categorias sociais às quais cuidadosamente se retirou toda responsabilidade antes de chamá-las de "irresponsáveis", ela contesta, subleva, dilacera o regime que elimina os movimentos profundos e as renovações de um país ou de um grupo. Ela tende a fundar uma linguagem racional entre os homens. Por trás da cólera, ainda que ela nem sempre saiba de fato seu verdadeiro nome, há o desejo de criar uma *polis* e uma política; há a vontade de organizar as condições de vida em função de motivos para viver.

Revoluções ocultas

O desígnio que um grupo elabora traduz-se imediatamente por uma constelação de referências. Elas podem existir apenas para ele, não ser reconhecidas exteriormente. Nem por isso são menos reais e indispensáveis para que haja comunicação. No coração das montanhas bolivianas (o *Journal d'un guérillero*[4] contou-nos há pouco tempo) assim como nos subúrbios das nossas cidades ou nas assembleias de estudantes, novos recursos se delineiam; emergem crenças que tornam *possível* uma elaboração comum. Uma linguagem, uma vez falada – à condição de ser suportável –, implica pontos de referência, fontes, uma história, uma iconografia, em suma uma articulação de "autoridades". O gesto que desmistifica poderes e ideologias cria heróis, profetas e mitos. Contradição? De modo algum. A toda vontade construtiva (e todos os grupos a pressupõem), são necessários sinais de reconhecimento e acordos tácitos acerca das condições de possibilidade para que lhe seja aberto um espaço onde se desenvolva. Os pontos de referência organizam iniciativas. Um mapa permite viagens. Representações *aceitas* inauguram uma nova credibilidade, ao mesmo tempo que a exprimem.

Essas credibilidades nascentes atestam o que há de mais frágil, de mais móvel também, porém de mais fundamental na vida social. Elas expressam invenções. Mas, muitas vezes, essas inaugurações, novidades que se agitam na espessura da história humana, orientam-se apenas para aquilo que se torna crível e aquilo que deixa de o ser. Assim fala, com discrição, a linguagem popular. O essencial, ela não o diz diretamente, mas por meio daquilo que ela não nega ou daquilo que ela "aceita". Expressa suas discordâncias somente ao dispor de modo diferente o que a autoridade faz, de modo a manifestar aquilo "sem o qual" não se pode mais viver. A convicção mostra-se apenas ao separar o que respeita e o que não respeita mais; exprime-se pela mudança discreta dos mapas oficiais e pelas representações que *ela não renega*; antes, como diz a gíria, "você não me manja mais" do que "amo você".

Toda reflexão acerca da sociedade deve retornar ao seu início, com uma atenção preparada para a surpresa. Com efeito, as viagens e a etnologia, as circunstâncias e a psicanálise ensinam que *as revoluções do crível* não são necessariamente reivindicadoras; frequentemente elas são mais discretas em sua forma e mais terríveis, como movimentos profundos; produzem deslocamentos na adesão; reorganizam sub-repticiamente as autoridades aceitas; em uma constelação de referências, privilegiam algumas e eliminam outras. Trabalho secreto ao qual as representações públicas não podem ficar alheias sem se transformar em uma fachada sem significado.

Inversamente, como mostram os movimentos de "libertação operária" ou de "conscientização", que associam estreitamente ao nascimento do grupo e à tomada de consciência pessoal o poder de se exprimir, a uma vida fechada em si mesma são necessárias portas e janelas: autoridades aceitáveis, pontos de referência que permitam um "comércio" sociocultural. São necessários signos críveis porque eles são igualmente uma *consequência* da experiência, isto é, a condição de sua possibilidade.

Palavras e representantes

Duas histórias reais indicam dois modos sob os quais opera essa conjugação entre a geografia tácita da experiência e aquela outra, visível, dos recursos existentes. A primeira abre um espaço de palavras; a segunda desenha uma topologia da ação. O que dá autoridade em uma sociedade toma uma destas duas figuras: discursos (obras, textos), ou então pessoas (que são também representantes).

Manuel, camponês vagabundo das favelas do México, já indicava uma revolução cultural quando, crendo-se um patife, dificilmente ousava (não é "ridículo"?, dizia ele) sonhar em "encontrar palavras adequadas" para "cantar a poesia da vida" e "exprimir as paixões mais grosseiras da maneira mais bela". As palavras podiam mudar tudo, como uma janela em um aposento fechado; podiam lhe *permitir* "ganhar a batalha contra si próprio" e *autorizar* um outro tipo de comércio com os outros. "As pessoas que sabem escrever essas coisas tornam o mundo mais habitável."[5] Algumas palavras poéticas e *talvez* o mundo vivido comece a se transformar: criam-se aberturas. Quem, de posse de si mesmo, não experimentou o que abrem essas autoridades? Para Manuel, um espaço novo (um "mundo habitável") seria constituído dessas "palavras" *poéticas* articuladas como um "*combate*". Admirável definição daquilo que tornam crível, ao fazer o impossível passar a possível, verdadeiras autoridades. A vida cotidiana, assim como a política ou a filosofia, conhece essas autoridades que abrem novos campos ao pensamento e à existência coletiva.

Ademais, não são os nomes comuns que se tornam, literalmente, poéticos; são nomes próprios, de viventes. Assim, há pouco, uma velha operária enferma, nossa vizinha em Paris, fazia com que um amigo a levasse ao Père-Lachaise, aos túmulos de Édith Piaf e de Maurice Thorez. "Veja, querido, Édith Piaf me fez mudar o modo de pensar.

E quanto a Thorez, ele lutou por mim."⁶ Essas autoridades *aceitas* revelam algo inteiramente diferente da passividade popular, na qual os poderes autoritários se baseiam para sua propaganda e para suas justificativas enganadoras. Um tal "reconhecimento" atesta uma convicção e sua modéstia; ele constitui também um julgamento. Uma silenciosa conivência habita a espessura de uma experiência que um enuncia e outros declaram verídica.

Constantemente essa história recomeça. Ela pode ser política ou cultural, distinguindo-se esses dois aspectos, aliás, cada vez menos. Muito frequentemente, sob hierarquias transmudadas em proprietárias daquilo que deveriam "permitir" falar, há lutas obscuras contra o absurdo, poéticas sociais que despertam e exprimem autoridades emergentes. Esse murmúrio organizador de uma língua verdadeira surpreende sempre os deuses do poder e os personagens do teatro oficial quando, por acaso, calam-se momentaneamente.

Toda autoridade repousa sobre uma adesão. Proudhon até mesmo diz que ela constitui "questão de fé" e que se fundamenta em uma "crença".[7] Somente um acordo espiritual, enfim, confere legitimidade ao exercício de um poder: é uma convicção (que consiste em um *controle*) proporcionada a uma representação (da qual constitui uma consequência). Essa coordenação cria um lugar sem dono e constituído de uma troca ou uma partilha; ele "garante" a comunicação por meio de uma parcimoniosa e necessária credibilidade. Talvez, tudo somado, a linguagem seja apenas um espaço, ainda neutro, mas desde já aberto, de uma comunicabilidade. De qualquer forma, as condições de possibilidade de uma semelhante troca devem sempre ser revistas ou comprovadas, por uma espécie de revolução cultural que nem sempre possui formas espetaculares, mas que acarreta (caso, por cegueira, a recusemos) obstinações, por parte das autoridades estabelecidas, e emigrações, do lado no qual se operam deslocamentos lentos ou bruscos.

Com efeito, toda declaração geral, de certo modo, é não apenas discutível, mas também, sob certos aspectos, equivocada e risível, uma vez que ela afirma positivamente aquilo que é somente uma regra negativa, nunca percebida diretamente, uma condição de possibilidade constantemente *perdida* de vista, seja porque, "evidente", desapareça nos subentendidos da comunião, seja porque, ausente, tenha a imagem da abstração e da utopia. Mas será possível captar o essencial de outra maneira senão mediante o que é ridículo *dizer* e como aquilo *sem o que* nada seria dito? A vida social e o papel que nela exercem as autoridades remetem-nos, desse modo, àquilo que as torna possíveis.

Uma "tarefa infindável"

Uma sociedade resulta, enfim, da resposta que cada um dá à pergunta sobre sua relação com uma verdade e sobre sua relação com os outros. Uma verdade sem sociedade é apenas um engodo. Uma sociedade sem verdade é apenas uma tirania. Assim como a dupla relação – com os outros e com uma verdade – mede o alcance "filosófico" do trabalho social. É uma "tarefa infindável" essa reconciliação, dizia Husserl num texto fundamental.[8] Ela surgiu com "a ideia", segundo ele de origem grega, de criar uma "comunidade filosofante" por meio de um incessante "movimento de educação cultural".[9] É esse "poder de criar culturas", como diz Husserl, a ambição que o homem estabeleceu para si mesmo num momento da sua história, à qual ele aspirava como sinal de sua dignidade, que corre o risco, atualmente, na Europa, de provocar sua "lassidão", como se ele se cansasse de si próprio. Mas toda ação, na medida em que é política, é também "filosófica"; ele retoma a tarefa de fundar uma sociedade sobre razões para viver próprias a *todos* e a *cada um*.[10]

A esse trabalho cabe a tarefa (entre outras) de reconstituir na linguagem comum, mediante uma crítica dos estereótipos tradicionais e poderes que se tornaram impensáveis, os circuitos que *possibilitam* um reconhecimento recíproco. Os pontos de referência devem permitir essa circulação e orientá-la. Desse modo, organiza-se uma rede de autoridades, ao mesmo tempo produzidas e aceitas. Elas garantem a comunicação. Mas, exatamente por isso, designam aquilo com que ninguém pode se identificar nem dele se esquivar, sem renunciar à ligação necessária entre a relação com uma *verdade* e a relação com os *outros*.

A atenção volta-se, hoje, para os movimentos populares que tentam instaurar ou restaurar uma rede de relações sociais necessárias à existência de uma comunidade e que reagem "contra a perda do direito mais fundamental, o direito de um grupo social formular, ele próprio, seus *quadros de referência* e seus modelos de comportamento".[11] Indubitavelmente, há, nessas "referências", em suas representações, nas autoridades que as expressam, uma inércia benéfica na medida em que proíbe ao indivíduo acreditar que seja o único e o prive de suas ambições pessoais acerca do corpo social.

Todavia, elas não dependem menos de equilíbrios instáveis e ininterruptos. Elas se transformam com as redes combinadas (políticas, econômicas, culturais) das quais são indissociáveis. Desse modo, com a jurisprudência, as leis, as constituições e as milhares de formas de um "Direito" que permanece consuetudinário, elas se agitam, deslocam-se, mudam de ênfase, na medida em que aparecem ou desaparecem os critérios (religiosos, nacionais, estéticos, científicos etc.) da consciência coletiva. Secretas porosidades modificam os contratos linguísticos, isto é, os acordos, tão difíceis de calcular, entre o direito (visível) e o avesso (opaco) da credibilidade, entre aquilo que as autoridades *articulam* e aquilo que delas é *aceito*, entre a comunicação que permitem e a legitimidade que pressupõem, entre aquilo que elas tornam possível e aquilo que as torna críveis.

Notas

1. Por "autoridade" entendo tudo que dá (ou pretende dar) autoridade – representações ou pessoas – e que se refere, portanto, de uma maneira ou de outra, àquilo que é "aceito" como "crível".

2. *Ezequiel*, capítulos 10-11.

3. É uma experiência comum, igualmente terrível, a incompreensão e a confusão dos "intelectuais" ou das autoridades diante de um movimento de massa vindo de profundezas não suspeitadas. Cf., por exemplo, W.E. Mühlmann, *Messianismes révolutionnaires du tiers monde*, Gallimard, 1968, pp. 271, 286, 347, 351 etc.; e M. de Certeau, *L'absent de l'histoire*, Mame, 1973, cap. VI, pp. 135-150.

4. Seuil, 1968, pp. 87, 110-112 etc.

5. Oscar Lewis, *Les enfants de Sanchez*, Gallimard, 1963, p. 485.

6. Cf. Pierre Antoine, "Les surprises du moraliste", em *Le concours médical*, t. 88, nº 43, outubro de 1966, p. 6427 ss.

7. P.-J. Proudhon, *Les confessions d'un révolutionnaire*, Rivière, 1929, p. 57.

8. E. Husserl, *La crise de l'humanité européenne et la philosophie* (1935), tradução de P. Ricoeur, Aubier-Montaigne, 1977.

9. *Ibid.*, p. 57.

10. Cf. M. de Certeau, *L'étranger ou l'union dans la différence*, 2ª edição, Desclée de Brouwer, 1991, cap. V, pp. 97-126.

11. M. Isaura Pereira de Queiroz, *Réforme et révolution dans les sociétés traditionnelles*, Anthropos, 1968, p. 261. Grifos meus; cf. M. de Certeau, *L'absent de l'histoire*, cap. VI.

2
O IMAGINÁRIO DA CIDADE

A linguagem do imaginário multiplica-se. Ela circula por todas as nossas cidades. Fala à multidão e ela a fala. É o nosso, o ar artificial que respiramos, o elemento urbano no qual temos de pensar. As mitologias proliferam. Eis o fato. Isso poderia parecer estranho no momento em que os empreendimentos se racionalizam, em que as ciências se formalizam, em que a sociedade passa, não sem dificuldades, a um novo estatuto de organização técnica. Na realidade, por razões cuja análise exigiria muito tempo, o desenvolvimento técnico que acarreta o descrédito das ideologias não elimina a necessidade à qual elas correspondiam. Transforma as crenças em legendas ainda mais carregadas de sentido (qual?, não se sabe mais). Marginaliza as doutrinas que, transmudadas em nuvens cintilantes, evocam sempre razões para viver.

Uma sociedade inteira aprende que a felicidade não se identifica com o desenvolvimento. Ela o confessa, ao atribuir um lugar cada vez maior aos lazeres – esse para além e essa "recompensa" do trabalho –, cultivando o sonho das férias ou das aposentadorias. Ela o constata, e por vezes com terror, ao ver se erguer contra si o desprezo ou a cólera de uma juventude que denuncia a ficção corrente, exprime a insegurança geral e recusa os discursos oficiais cuja branda sedução ou inflexibilidade arrogante dissimula apenas seu papel de sucedâneo e de tapa-buracos.

Contudo, o discurso imaginário que circula na cidade não cessa de falar na felicidade. Devemos, portanto, perguntar-nos: exílio ou criatividade, álibi ou obra da invenção? O que essas formas atuais nos ensinam, pois, acerca da felicidade?

A ficção oferecida ao olhar

Ficção erótica, ficção científica... A ficção está por toda parte. Podemos partir de um exemplo. Você a encontra em todas as revistas eróticas. Sexualidade-ficção também. O empregado ou o colarinho-branco que compra uma dessas revistas, ao tomar à noite seu trem de subúrbio nelas procura uma iniciação? Não, ele não pede à sua revista uma lição prática. Ao contrário, ele a lê precisamente *porque* não o fará. É a sexualidade-ficção. O leitor encontra nas imagens e nas "legendas" uma história daquilo que "não se faz", uma história ausente. De onde uma primeira constatação: aquele que entra nessa linguagem é aquele que sai da vida cotidiana e que a existência não mais proporciona, seja pelo cansaço, seja porque não se ousa mais pensar numa mudança do possível. Por isso deve-se contentar em sonhar com ele. Ou em *vê*-lo, à falta de *fazê*-lo. Como diz uma propaganda de um canal de televisão: "Seja esportivo – em sua poltrona." É-se espectador renunciando a ser ator.

O imaginário está no "ver". Ele desenvolve um exotismo, mas um exotismo ótico. Com efeito, em última análise, por toda parte se encontra uma lógica, até no *strip-tease*, em que o desnudar da atriz vai a par com a espoliação dos espectadores: o que se oferece à vista é arrancado à mão. Vê-se tanto mais quanto menos se *toma*. O tédio do trabalho ou a impossibilidade de fazer tem como compensação o acréscimo daquilo que se vê fazer. Tudo supõe o sonho. "Sonhe, que faremos o resto", diz a publicidade (Ionel Schein). O desenvolvimento do imaginário é a recíproca de uma "civilização" em que se multiplicam os *voyeurs* e os contemplativos. Desse modo, a "atualidade", esse resto visual da ação, mostra as fortunas e os males dos outros, segundo uma lei que combina o luxo da informação com a passividade das testemunhas. A inação parece ser o prêmio da imagem. As aventuras amorosas, os deslumbramentos dos drogados, as proezas dos esportistas ou os programas de renovação social depositam-se na literatura imaginativa e oferecem, com os espetáculos, um álibi para a ação. Veja-se as *Crônicas de Bustos Domecq*, de Borges, e seu capítulo "Esse est percipi" – "Existir é ser visto". Nada mais restaria da realidade senão sua imagem? Sim, quando se exila da existência o ato que a estabelece.

Do mesmo modo, na medida em que os objetos que povoam o imaginário fixam a topografia daquilo que não mais se faz, podemos nos perguntar se, reciprocamente, aquilo que *mais vemos* não define hoje aquilo que *mais falta*.

Isso nos convida até mesmo a levar a sério os temas dessa literatura. Por exemplo, o que contam, pois, essas revistas ou as fotonovelas que constituem sua base? Por meio das beatitudes sentimentais, os êxtases do amor ou as relações físicas, elas falam de *comunicação*. Mas uma comunicação bem-sucedida que supera os obstáculos e os conflitos, precisamente aquilo que não se encontra na vida. É um país de mentira. Ele substitui os paraísos de crenças que se tornaram não críveis para a maioria e que abrem um futuro de comunhão entre santos. Ele desloca as esperanças – tornadas elas próprias não críveis –, que anunciavam, com os amanhãs gloriosos, uma sociedade sem classes. Uma continuidade e pontes entre "utopias" indicam o vestígio de uma função do imaginário e uma remanescência dos paraísos. De qualquer forma, a figura presente do imaginário narra no positivo uma ausência. Ela atesta aquilo que, já há 15 anos, Riesman chamava de *La foule solitaire*, nome dado por ele à enfermidade da qual sofrem as sociedades modernas ocidentais.

As mitologias revelam aquilo em que não se ousa mais acreditar e que por isso se busca "em imagem", e muitas vezes aquilo que somente a *ficção* oferece. Elas enganam simultaneamente a fome e a ação. Elas traem ao mesmo tempo uma recusa a perder e uma recusa a agir. Desse modo, muitas das palavras e imagens narram uma perda e uma impotência, isto é, exatamente o contrário daquilo que elas prodigalizam. Os belos programas de uma "nova sociedade" substituem habilmente a ação que mudaria nossa sociedade pela miragem dos discursos. As ideologias revolucionárias compensam o *deficit* do valor ou a privação do poder. A religião-ficção, a revolução-ficção, o erotismo-ficção ou a droga-ficção instalam na ficção o objeto que eles mostram e, como em um espelho, proporcionam apenas a imagem invertida da felicidade cujas estrelas eles multiplicam na paisagem urbana.

O discurso publicitário

Seria, portanto, artificial crer que os mitos desapareceram perante a racionalização. Se acreditássemos ter livrado deles as ruas seria um engano. Ao contrário, eles aí reinam. Exibem em catálogos de imagens os sonhos e a repressão de uma sociedade. Ressurgem por toda parte, mas por vias diferentes das passadas.

Eles invadem a publicidade, seja sob a forma do "chocossonho",* do retorno "direto à terra natal", das associações entre "poupança" e "sonho", entre "felicidade" e "segurança", ou entre "a festa" e a garrafa de Vichy... Pobres felicidades do rico, na sociedade de consumo. Contudo, eles distribuem em vinténs o equivalente dos paraísos antigos. Os objetos expõem uma utopia que, muito ao contrário de ser absorvida pelo consumo, metamorfoseia o vocabulário de troca, isto é, o comércio, em uma literatura imaginária. Uma "mística da Frigidaire", dizia muito bem Goldmann. As Frigidaires ou as banhistas que hipnotizam o olhar do transeunte substituem as frases antigas para garantir, com o objeto tentador, que "em dois minutos começa a festa". Colocados no jardim fechado do cartaz, os frutos da felicidade estão ao alcance da mão. Aproximam o fim escatológico. Soletram um imemorial ao fragmentar o sonho e reduzir sua distância. Mas, na realidade, à maneira das palavras, os objetos transportam sempre mais longe, para outros objetos, os desejos que eles aliciam.

Esses objetos de consumo são os sujeitos de toda frase. Têm como indicativo o sorriso que finge ser um sinal de expectativa e de encontro, ou o gesto sedutor que envolve com sua dança o automóvel ou a lavadeira. Assim se forma um discurso. Ele pontua de felicidades o túnel do metrô por onde se amontoam, do nascer do dia ao pôr do sol, cinco milhões de pessoas. E o que diz ele senão, com os bens de consumo que cintilam nos locais de grande circulação, a finalidade que deve deter os passos da multidão?

---

* *Chocorêve*: palava não dicionarizada em francês, formada de "chocolate" e "sonho". (N.T.)

Esse discurso imaginário do comércio ocupa cada vez mais os muros. Ele se mostra em todas as ruas, somente interrompido pelas fendas das avenidas. A cidade contemporânea torna-se um labirinto de imagens. Ela se dá uma grafia própria, diurna e noturna, que dispõe um vocabulário de imagens sobre um novo espaço de escritura. Uma paisagem de cartazes organiza nossa realidade. É uma *linguagem mural* com o repertório das suas felicidades próximas. Esconde os edifícios onde o trabalho foi encerrado, cobre os universos fechados do cotidiano; instala artifícios que seguem os trajetos da faina para lhes justapor os momentos sucessivos do prazer. Uma cidade que constitui um verdadeiro "museu imaginário" forma o contraponto da cidade ao trabalho.

Essa linguagem da utopia prolonga-se somente quando passa dos cartazes publicitários às inscrições contestadoras, ou das cores do metrô às da universidade; quando passa da solicitação para o protesto. Uma mesma escrita mural anuncia a felicidade à venda e a felicidade a ser agarrada. Do cartaz aos grafites, a relação entre a oferta e a demanda se inverte; porém, nos dois casos, a representação "exprime" porque não dá. Sob esse aspecto, a recusa fala a mesma língua que a sedução. Aqui também o discurso do comércio continua a ligar os desejos às realidades, sem chegar a esposá-las. Ele exibe a comunicação, sem poder garanti-la.

Esse contraponto da linguagem mural, aliás, tem muitos outros equivalentes. O sonho irrompe nas faltas aos dias de trabalho, nos fins de semana e nas horas vagas; emerge na *vacance* do tempo, com os artifícios da casa de campo ou das liberalidades da *party*. Mas desemboca também na sala do psicanalista, onde o cliente se deita, espectador dos sonhos que este narra, objeto de uma atenção sem face, às suas costas. O imaginário assombra os grupos de sensibilização. Ele organiza as legendas de uma imprensa que fabrica os bons e os maus, os "ídolos" e os "grupelhos". Povoa o vocabulário corrente. Surge de todos os lados. Apossa-se das organizações técnicas e as transforma talvez em indústrias do sonho. São as águas infinitas nas quais se destacam as ilhas da razão ou as quais novos empreendimentos se esforçam por captar e explorar.

O corpo da felicidade

Muitas vezes se observou que essa infiltração universal do imaginário era caracterizada por uma erotização crescente. O erotismo vem imediatamente após os produtos alimentícios e antes de tudo o mais (a felicidade, a saúde etc.) em uma classificação dos tipos de solicitação por ordem de importância. É o resultado normal de uma publicidade que celebra as sensações do comer e do beber, os deslumbramentos da boca e dos lábios, a comodidade dos movimentos sem obstáculos, os prazeres da pele, as metamorfoses olfativas da respiração ou as liberações do corpo, que se alivia de seu peso. Por toda parte anuncia-se, com uma festa dos sentidos, uma festa do corpo. Mas um corpo fragmentado, inventariado graças a um desmembramento analítico, decomposto em regiões sucessivas da erotização. A dispersão dos prazeres substitui as integrações de outrora por um espaço sensorial. Metáfora da felicidade, o corpo é serial. É a antirrazão, mas estruturado como a razão contemporânea, seu negativo e seu homólogo.

Devemos interrogar essa linguagem "comum", que Freud, ao escrever *O mal-estar na civilização*, distinguia das "sublimações" culturais ou estéticas reservadas a privilegiados. "O homem comum", eis o problema fundamental. Ora, o que choca no discurso social da felicidade é a alternância entre as revelações do coração e os desnudamentos do corpo. O correio sentimental e o

47

erotismo expõem, sem dúvida, o mesmo movimento, mas sob dois registros diferentes: em ambos os casos, trata-se de um desvelamento.

Podemos interpretá-lo como um exibicionismo sentimental ou sexual. E muitas vezes com toda razão. Mas esse gesto tem um sentido mais fundamental. Ele quer dizer *mostrar o que se oculta* e, com isso, eliminar o que separa. A confissão do coração e, sem sombra de dúvida, mais radical, porém (paradoxalmente) mais simbólico, o desnudamento do corpo funcionam como a alegoria de uma busca do prazer, da comunhão ou da realidade. É uma desmistificação, não obstante tenha ainda a forma de um mito. A procura de uma verdade se "representa" desse modo.

Desse ponto de vista, três traços caracterizam o retorno do corpo no imaginário: ele exprime uma *transgressão*, conota uma *comunicação*, visa à apreensão de uma *realidade*.

Desde os "cuidados do corpo" e os tratamentos para emagrecimento até a "expressão corporal" ou as técnicas amorosas, o fantástico do corpo traduz uma *transgressão* com relação às normas da sociedade. Haveria um código mais rigoroso e mais ritualístico do que o da vestimenta? Ela classifica, separa, hierarquiza, ratifica os contratos secretos do grupo. Mantém as "distinções" sociais, as condições culturais e as distâncias entre as classes. Não se pode infringir esse código ou ferir o pudor social sem transgredir uma ordem estabelecida. É verdade que esse "atentado ao pudor" será tolerado à proporção em que for mais ou menos "teatral". Também se procurará provar que isso é tão só uma representação. Mas, em si mesma, a linguagem do corpo é igualitária. Ela suprime as defesas e as proteções. Embora ainda sob o modo da ficção, pois desta ela toma somente os signos e as vestimentas, ela desnuda e relativiza as seguridades, as patentes e os privilégios sociais.

Por outro lado, ela revela uma *comunicação* ligada a esse risco da transgressão social. Em toda sociedade, como demonstrou Freud de diversas maneiras, Eros é controlado ou reprimido pelo grupo que ele ameaça. Também a comunicação primordial, a dos corpos no amor, constitui um objeto de desejo ao mesmo tempo que um objeto de temor. Com relação à lei, ela é sempre o não conforme. Cada vez menos lhe basta ser conforme. Um homem ou uma mulher se avaliam segundo suas relações sexuais, e não têm mais aqui a certeza de sua posição social. Eros é inevitavelmente violento. Ele restaura ao mesmo tempo o conflito e o prazer. Mistura os contratos públicos. Talvez, exilando-o na imagem, busca-se uma garantia dele; mas mesmo então o discurso do corpo fala das *relações* internas à sociedade, que aí retorna pelo desvio do imaginário.

Enfim, uma espécie de obstinação ou de nostalgia agita o interior da mitologia publicitária da felicidade e traduz o desejo de atingir *um aquém das representações*. É verdade que o desnudamento ainda é da ordem da representação. Mas a "vestimenta" social da representação designa seu contrário: a realidade nua. O corpo despido é, no interior da linguagem, o tema que visa ao referente e o suporte da linguagem. É a emergência (traída pela sua própria inscrição na superfície das imagens) do movimento cultural que se põe em busca da "natureza", com toda a ilustração mitológica de um retorno à infância, à nudez paradisíaca, à imediaticidade originária do não saber, à "realidade" sempre velada. Por trás das barreiras sociais, sob os artifícios necessários do trabalho, haveria – há, dizem as imagens – uma árvore da vida: o corpo, fruto oculto e proibido, prazer adormecido, promessa da saúde, fonte de felicidade. Esse "corpo profundo", corpo messiânico e vestígio do corpo de Deus, seria, para o corpo social, sua verdade perdida e aguardada.

Do corpo exótico à palavra crítica

Repletas de significação, essas três características do corpo nem por isso deixam de ser os indícios de uma representação. De um modo geral, elas permanecem presas a uma linguagem que vacila sempre entre a manifestação e a camuflagem porque trai o tempo todo aquilo que, no entanto, desvela. A transgressão acaba por favorecer técnicas de consumo que a recuperam e exploram. A comunicação é filtrada pelas censuras sociais; transmite-se, ao se alienar, aos espetáculos consagrados ao amor dos outros ou ao "exercício de piedade" em que se transforma o diálogo. A realidade nua jamais aparece sob a forma de "possessões"; ela se fragmenta e se oculta em uma troca de prazeres ou de bens.

O corpo localiza um novo exotismo, o nosso, ao mesmo tempo em que exprime a desmistificação das utopias de outrora, quiméricas ou etnológicas. O vocabulário da saúde e da medicina, do erotismo ou das drogas fornece um lugar para nossas lendas, destinadas, como sempre, a disfarçar o negro futuro que anunciam.

Em suma, dizia Freud, "a felicidade não é um valor cultural".

As ciências da linguagem são, indubitavelmente, apenas um sinal a mais daquilo em que se *transformaram* as representações. As técnicas da suspeita, psicanalíticas ou sociológicas, dependem da sociedade que analisam. Do mesmo modo, a fala, ao se fazer crítica, confessa à sua maneira o que denuncia. Já no cartaz o nome aposto ao objeto mostrado é a menção irônica da sua ausência. O argumento da imagem o contradiz. Porém, invariavelmente, ao designar as coisas, as palavras estão numa posição diferente da que ocupam. Elas nomeiam exatamente aquilo que não dão. Elas soletram as ausências, ao separar realidades. Sinais de distanciamento, elas postulam a espoliação como a condição da designação. Representam, com relação a toda felicidade, um momento crítico.

Falar, creio eu, tornou-se um ato que *desnatura*. É colocar culturalmente um distanciamento com relação à natureza; é também confessar a ilusão da prosperidade econômica ou do progresso da consciência. Não se fala de boca cheia. Para ser pronunciada, a fala opõe-se ao comer e seu conteúdo não diz outra coisa. Ela retira do consumo aquilo que ela dá a entender. Por sua função, ela está destinada ao trabalho que insinua constantemente a separação perigosa ou a falha crítica de uma carência na certeza beatífica da satisfação. Ela nega a realidade do prazer para instaurar a significação simbólica.

As palavras, todavia, não são tudo. Na verdade, é o contrário: elas nada são, ou antes um "quase nada". Como um ácido, elas atacam (e esculpem?) o *dado* imediato do imaginário. Elas picam a casca das felicidades fechadas; ao rompê-la, elas penetram-na. É verdade que, filosófica, poética, teológica, ou nascida de uma "sabedoria" popular que não possui todos esses belos títulos, a fala não faz desaparecer, por um ato mágico ao ser pronunciada, a imensa exibição das possessões que se oferecem à vista. Ela própria está presa nesse elemento de onde sai e do qual se alimenta. Mas o único fato de falar restaura a ausência, proíbe a identificação com o imaginário e, sob a forma de um *não*, permite um movimento que pode ser o do sentido.

Fazer a festa

Desde logo se arma um jogo entre a fala e o imaginário. Ele determina o enigma dessas felicidades prometidas pela imagem e negadas pelas palavras. O discurso da imagem as representa; a sintaxe das palavras as refere a um significado que não está lá. Porém, nesse jogo a regra tácita está indicada no cartaz pelo dedo apontado para o espectador ou pela indiscreta menção de um prêmio: é preciso pagar. Tal é a "moral" que formulam essas linguagens. Ambas remetem a um terceiro que não pode ser nem um dizer nem uma imagem: *o gesto*. A alegoria do imaginário e a fala crítica indicam, assim, o verdadeiro lugar da felicidade, mas um lugar que não pode ser colocado no espaço da imagem ou na coerência da frase: *o ato de gastar*.

Esse "ato" restaura momentos que escapam às continuidades espaciais dos discursos. Ele é, como o tempo, o que só existe perdendo-se. Sem dúvida, haverá formas diferentes, que vão desde o gesto político ou festivo de *se* gastar até o ato revolucionário de preferir a fundação à herança, até a "loucura" de receber a graça da felicidade na perda dos benefícios, ainda que seja o de "tomar" consciência dela. Mas essa felicidade já está figurada na mitologia que representa a transgressão, a comunicação posta em risco ou um significado a desvelar. Enfim, a realidade que se desvela não está oculta em uma "natureza", localizável em alguma parte. Ela é identificável com um não definido: a própria ação.

Talvez, afinal, a literatura imaginativa como um todo não signifique nada além desse acréscimo irredutível a toda forma de rentabilidade social, um luxo não eliminável das próprias sociedades racionalizadas. O imaginário carregaria, na cintilação das suas ficções consumíveis, a verdade que não pode oferecer. Metáfora da história, ela transporta para um *ver* aquilo que somente é possível encontrar no *fazer*. Do mesmo modo, ela invoca a recusa da fala, embora igualmente incapaz de substituir a práxis, a única capaz de conferir significado.

Grosso modo, poderíamos dizer que nossa época de comunicação de massa transforma a sociedade em um "público" (uma palavra-chave que substitui a de "povo"), que ele aloja a felicidade nos ícones dos objetos oferecidos ao consumo e que ele movimenta o verbo em direção à recusa ("esconda-se, objeto"). Associa a epifania do objeto-rei e a suspeita com relação a todo representado. Coordena do mesmo modo a linguagem da figuração e a da carência. A relação entre essas duas linguagens pressupõe a ambiguidade da felicidade. Sem sombra de dúvida, nisso ela já expõe a realidade, mas sem poder dizer *onde* esta se encontra.

É impossível concluir disso que a felicidade esteja submetida a um adiamento indefinido, para um além sempre renovável que indicaria exatamente a presunção da procura e a insignificância de seu objeto. Creio, ao contrário, que esse movimento encontra seu apoio e seu impulso no ato ao qual se referem a associação das duas linguagens e a impossibilidade destas de encerrá-lo em um discurso: *fazer a festa*. Esse "luxo" é algo sem o que não haveria experiência humana, a "loucura" sem a qual não há razão. Talvez ele consista, simplesmente, para o trabalhador do Rio, em gastar a metade do seu salário anual durante o carnaval; para o apaixonado, em "não olhar os gastos" para dar um presente; para aquele que está em férias, em "esvaziar os bolsos". Estranha e sagrada generosidade.

É verdade que uma sociedade controla os seus resultados quando não é mais capaz de fazer, como um todo, esse gesto, e que prefere a posição do espectador à do ator. Então, um malthusianismo do risco e da felicidade (que vão juntos) transfere para as férias a festa que é eliminada da vida política por motivos de rentabilidade econômica ou de segurança nacional. Então, a festa se marginaliza. É reservada muitas vezes, atualmente, aos setores culturais; também eles próprios são invejados tanto quanto condenados pelos moralistas da "produção" econômica ou sexual – ascetas, aliás, hipócritas, pois seu trabalho obstinado é um jogo de privilegiados, porém não confessado.

Apesar de tudo, permanece a ligação entre a felicidade de viver e o perigo de existir, entre *encontrar* e *perder*. Ela até mesmo inverte as técnicas da segurança ou os sinais de riqueza em instrumentos de aventura: a medicina metamorfoseia-se em droga; o automóvel, em risco.

Essa reaplicação dos bens possuídos em bens a perder confere, sem dúvida, seu verdadeiro alcance à economia que liga a produção ao consumo. Pois consumir é também anular e perder. Há, por certo, a economia que articula sua finalidade e seu móbil ao dizer logo: "Gastem!" Há aquela que recusa sua própria lei e se retrai na sua mesquinhez capitalizadora, declarando: "Enriqueçam!" A essa divisão entre *gastar* e *guardar* correspondem grandes opções culturais e políticas: no limite, é a opção da nação revolucionária que prefere a seus bens o risco de existir, ou então a dos grupos conservadores, cujo temor de arriscar sua herança obriga a fetichizar a felicidade que estão justamente a ponto de perder.

Pode-se julgar paradoxal essa "ética" coletiva ou individual. É preciso que se repita, no entanto. Quem deseja *guardar* coloca-se na *dependência* de uma ordem, de uma possessão ou de uma ciência, e se submete à lei (a do lucro ou a da segurança) que elimina, com o risco, a felicidade que ela promete. Aliena-se. Nada "obtém" da felicidade senão representações. Porquanto não parece haver felicidade senão onde o *outro* é a condição do *ser*, onde se *faz a festa*, onde a conservação dos bens é alterada por um dispêndio feito em nome de outrem, de um outro lugar ou do Outro, onde se interpõe a festa de uma generosidade comunicativa, de uma aventura científica, de uma fundação política ou de uma fé.[1]

Nota

1. Cf., por exemplo, as análises de G.Thill, *La fête scientifique*, coedição Aubier etc., Bibliothèque des sciences religieuses, 1973, pp. 156-181.

3
A BELEZA DO MORTO[1]

> Ninguém consente voluntariamente em ser enterrado vivo, e a magnificência do túmulo não torna a estada mais saudável.
>
> Charles Nisard

A "cultura popular" supõe uma ação não confessada.[2] Foi preciso que ela fosse censurada para ser estudada. Tornou-se, então, um objeto de interesse porque seu perigo foi eliminado. O nascimento dos estudos consagrados à literatura de *colportage** (o livro iniciador foi o de Nisard, 1854) está, de fato, ligado à censura social de seu objeto. Ela desenvolve um "sábio intuito" da polícia. Uma repressão

---

* De *colporter* (trasnportar consigo a mercadoria à venda). Designa a literatura veiculada por meio dos livreiros ambulantes (*colporteurs*), principalmente nos séculos XVII e XVIII. Manteve-se a palavras francesa em virtude das especificidade desse tipo de literatura, lida especialmente pelo povo em geral. (N.T.)

política está na origem de uma curiosidade científica: a eliminação dos livros julgados "subversivos" e "imorais". Temos aqui *um* aspecto do problema, mas ele coloca uma questão geral.

No início, há um morto

Os estudos desde então consagrados a essa literatura tornaram-se possíveis pelo gesto que a retira do povo e a reserva aos letrados ou aos amadores. Do mesmo modo, não surpreende que a julgem "em via de extinção", que se dediquem agora a preservar as ruínas, ou que vejam a tranquilidade de um aquém da história, o horizonte de uma natureza ou de um paraíso perdido. Ao buscar uma literatura ou uma cultura *popular*, a curiosidade científica não sabe mais que repete suas origens e que procura, assim, não reencontrar *o povo*.

Seus resultados e seus métodos traem, no entanto, essa origem, da qual a censura de 1852 não constitui, como veremos, senão um caso particular. Um grande número de trabalhos recentes revela-nos detalhes acerca dessa questão, ainda que ignore de onde provém seu discurso. O próprio Nisard não o ignorava. Ele até mesmo se vangloriava desta condição, a de "secretário adjunto" da polícia: "Quando, chocado com a influência desastrosa que até então exercera sobre todos os espíritos essa quantidade de maus livros que o *colportage* espalhava praticamente sem qualquer dificuldade pela França inteira, o sr. Charles de Maupas, ministro da polícia geral, concebeu e executou o sábio intuito de estabelecer uma comissão permanente para o exame desses livros (30 de novembro de 1852), teve a bondade de me convocar como seu membro, com o título de secretário adjunto. Isso me permitiu tanto reunir esses livrinhos quanto estudá-los com o mais rigoroso zelo."[3]

Essa declaração vem após as jornadas republicanas de fevereiro e junho de 1848 e após 1852, data da restauração do Império. Daquilo que se corrigira podia-se fazer um "objeto" científico.

Velho reflexo. M. Soriano mostrou que ele havia se exercido à época da Fronda, em 1647-1653, quando a linguagem do "populacho", minuciosamente apresentado pelos irmãos Perrault em seus poemas burlescos, havia se *transformado* em zombaria, ao mesmo tempo em que permitia ridicularizar os "clássicos". De um lado, esse cavalo de Troia lhes era útil em uma polêmica contra os "antigos": querela entre os letrados, como atualmente entre escolas clássicas e modernas. Mas, de outro, esse fundo popular, um momento útil, torna-se temível à medida que se desenvolvem as sublevações populares da Fronda. Também os Perrault os mantêm cada vez mais a distância, irônicos e hostis, à proporção que aderem a Mazarino. O "cômico" e a "curiosidade" desse linguajar vão a par, nesses grandes burgueses ameaçados, do triunfo da *ordem* graças ao cardeal. O burlesco dá o alcance da derrota do povo, cuja cultura é tanto mais "curiosa" quanto menos temíveis são os seus sujeitos.[4]

Esse sistema ainda funciona, embora de outros modos e nas próprias obras que inspiram hoje convicções contrárias às do passado. Outrora, elas eram conservadoras, apaixonada e abertamente, como em Nisard. Sobretudo após 1969, a erudição posta a serviço da cultura popular é de inspiração marxista, ou pelo menos "populista". Ela se insere também no que se segue a uma "história social" em pleno desenvolvimento há 30 anos. Ela desenha, enfim, a utopia de uma outra relação política entre as massas e a elite.[5] Mas a *operação* científica obedeceria a leis diferentes das do passado? Ela parece, ao contrário, estar ainda submetida aos mecanismos de excomunhões muito antigas. "A sociologia da `cultura popular'", dizia Mühlmann, "começa com o laicismo dos heréticos."⁶ O mesmo processo de eliminação continua. O saber permanece ligado a um poder que o autoriza.

O que está, portanto, em causa, não são ideologias nem opções, mas as relações que um objeto e os métodos científicos mantêm com a sociedade que os permite. E se os procedimentos científicos não são inocentes, se seus objetivos dependem de uma organização política, o próprio discurso da ciência deve admitir uma função que lhe é concedida por uma sociedade: ocultar o que ele pretende mostrar. Isso quer dizer que um aperfeiçoamento dos métodos ou uma inversão das convicções não mudará o que uma operação científica faz da cultura popular. É preciso uma ação política.

Um pouco de história nos esclarecerá, ademais, esses recomeços atuais.

Nascimento de um exotismo (o século XVIII)

Como nasce esse exotismo do interior, esse olhar que considera oprimida a realidade a que ele visa e idealiza? Dois momentos privilegiados são reveladores dessa ótica: o fim do século XVIII, de um lado, os anos 1850-1890 de outro. Uma espécie de entusiasmo pelo "popular" toma conta da aristocracia liberal e esclarecida do fim do século XVIII. Porém essa rusticofilia que se reencontra nos romances de Louvet e Rétif é também o avesso de um temor: a da cidade perigosa e corruptora porque as hierarquias tradicionais aí se dissolvem. De onde esse retorno a uma pureza original dos campos, símbolo das virtudes preservadas desde os tempos mais antigos. Mas esse selvagem do interior que é o camponês francês – a espessura da história substitui aqui a distância geográfica – apresenta a vantagem de ser *ao mesmo tempo civilizado* pelos costumes cristãos: a proximidade da natureza ligada a séculos de moral cristã produz esses "sujeitos fiéis, dóceis e laboriosos"⁷ que podemos ver, por exemplo, em Salancy ou na Picardia, onde, todos os anos, em 8 de junho, coroa-se uma *rosière:**

Salancy, lugar favorecido por Deus, se for um dia escrita a história da Virtude, tua festa será célebre dentre seus fastos. Lá, dir-se-á, sábios e bons cidadãos vivem em uma simplicidade digna da Época antiga. Lá, longe das falsas necessidades, mãos laboriosas fornecem a corpos vigorosos um alimento frugal. Lá, castas esposas proporcionam horas felizes a esposos honrados. Lá, uma donzela leva como dote para seu pretendente apenas sua sabedoria, sua doçura e a glória de haver merecido a Rosa. Lá, enfim, sob um Pastor sábio, um povo industrioso, sob leis brandas, cumpre em paz todos os deveres do cristão e do cidadão.
Festa da Rosa, instituição consagrada pela sabedoria e pela honra! Augusta solenidade, onde o prêmio mais singelo é concedido à inocência mais pura!⁸

A moda das festas das *rosière*, a partir dos anos 70 do século é o retorno a um povo ao qual se cortou a palavra para melhor domesticar.⁹ A idealização do "popular" é tanto mais fácil quanto se efetua sob a forma do monólogo. Por outro lado, se o povo não fala, pelo menos pode cantar. A moda das canções populares – Dame Poitrine revelou, em 1781, à corte de Luís XVI, *Marlbrough s'en va-t-en guerre*, que Beaumarchais deveria colocar nos lábios de Cherubin três anos mais tarde – é um outro indício desse confisco de um tesouro perdido. O prazer sentido no halo "popular"¹⁰ que envolve essas melodias "ingênuas" funda justamente uma

---

* *Rosière*: virgem premiada pela sua virtude com uma coroa de rosas e um dote. (N.T.)

concepção elitista da cultura. A emoção nasce da própria distância que separa o ouvinte do suposto compositor.

Mas a atitude assim desprendida não constitui o único fato de uma aristocracia mais ou menos masoquista. É também a dos constituintes. O questionário que o abade Grégoire, cura do Embermesnil, lança em agosto de 1790 sobre o patoá da França e que resulta no seu famoso relatório de Prairial ano II: *Sur la nécessité et les moyens d'anéantir les patois et d'universaliser l'usage de la langue française*[11] revela suas preocupações. O que conta aqui são menos os ensinamentos – que o historiador pode e deve tirar para uma análise da cultura popular – do que a intenção manifestada pelo investigador e seus correspondentes. Trata-se, *ao mesmo tempo*, de *coletar* ("Tendes obras em patoá, impressas ou manuscritas, antigas ou modernas?... Haveria possibilidade de enviá-las, sem muita dificuldade?")[12] e de *restringir* ("Qual seria a importância religiosa e política de destruir inteiramente esse patoá?... O povo do campo são muito preconceituosos e com relação a quê?... De 20 anos para cá, são mais esclarecidos?"). A maioria das respostas (provinda, na sua maior parte, de burgueses – magistrados ou curas) se pronuncia a favor de uma eliminação dos patoás. Sem dúvida a razão mais frequentemente alegada para a universalização da língua francesa é a da destruição da odiosa feudalidade que seria mantida, à revelia, pela sobrevivência dos particularismos. Mas esses citadinos esclarecidos não retomam, sem o saber, a tocha da campanha escolar levada pela Igreja da Reforma católica: a unidade nacional – exatamente como no passado o retorno do herético – será feita pela instrução, isto é, pela eliminação de uma resistência devida à *ignorância*. Inquestionavelmente, alguns temem pela "pureza" dos costumes rústicos; porém, como observa um deles, o patoá *já* está condenado:

Os costumes de nossos bons avós eram singelos como o patoá e este parecia feito para figurar a singeleza e a bonomia. Sendo assim [talvez devêssemos] deixar-lhes as virtudes singelas e naturais antes que essa mudança funesta se operasse; mas agora a ignorância unida à corrupção seria o pior de todos os males.[13]

A constatação se confirma: é no momento em que uma cultura não mais possui os meios de se defender que o etnólogo ou o arqueólogo aparece. Como diz o próprio Grégoire, em seu relatório à Convenção: "O conhecimento dos dialetos pode lançar uma luz sobre alguns monumentos da Idade Média... Quase todos os idiomas possuem obras que desfrutam de uma certa reputação. Já a Comissão das Artes, em sua instrução, recomendou que se recolhessem esses monumentos impressos ou manuscritos; devemos procurar as pérolas até na esterqueira de Ennius."[14]

Charles Nisard (1854)

O período 1850-1890 definiu uma segunda etapa desse culto castrador votado a um povo que se constitui, a partir de então, como objeto de "ciência". Falta ainda indagar acerca dos postulados subjacentes ao "folclorismo". É exatamente no momento em que o *colportage* é perseguido energicamente que as pessoas cultas se debruçam deleitosamente sobre os livros ou os conteúdos populares. Em uma circular de aplicação da lei de 27 de julho de 1849 sobre a imprensa, o ministro do Interior escrevia aos prefeitos: "A característica mais comum dos escritos que se tenta espalhar no momento e aos quais se dá a forma mais popular é dividir a sociedade em duas classes, os ricos e os pobres, representar os primeiros como tiranos, os segundos como vítimas, incitar à inveja e ao ódio uns contra os outros e preparar, desse modo, na nossa sociedade, que tanto se preocupa com a união e a fraternidade, todos os elementos de uma guerra civil."[15]

De onde a criação, pelo ministério da Polícia Geral, em 30 de novembro de 1852, de uma "comissão para exame dos livros do *colportage*": não mais bastava espionar os *colporteurs*, era preciso controlar, por meio da concessão de selos, o conteúdo das obras difundidas, verificando se ele não era contrário "à ordem, à moral e à religião". Ora, é a Charles Nisard, secretário dessa comissão, como lembramos mais acima, que devemos a primeira *Histoire des livres populaires et de la littérature de colportage*.[16] No prefácio de sua primeira edição, o autor confessa suas intenções com uma candura desarmante: "Eu avaliava que se, no interesse das pessoas facilmente influenciáveis, como os operários e os habitantes do campo, a Comissão não devia deixar de proibir três quartos desses livros de *colportage*, essa proibição não dizia respeito àqueles que estavam a salvo das leituras perniciosas, isto é, os eruditos, os bibliófilos, os colecionadores e até mesmo simples curiosos da literatura excêntrica. Julguei, portanto, ser meu dever fazer algo que seria agradável a uns e outros ao reunir todos esses livrinhos sob um único ponto de vista e salvá-los todos do naufrágio no qual estavam sujeitos a perecer quando isolados."[17]

Desse modo, portanto, o povo era uma *criança* cuja pureza original convém resguardar, preservando das leituras perniciosas. Mas os amadores esclarecidos podem reservar à seção "curiosa" das suas bibliotecas as coletâneas dos folcloristas, exatamente como no passado os aristocratas mandavam encadernar os almanaques com suas armas. O interesse do colecionador é o correlato de uma repressão que exorcisa o perigo revolucionário que as jornadas de junho de 1848 haviam mostrado estar sempre à espreita.

A belle époque do folclore (a III República)

Vinte e cinco anos mais tarde, a primeira onda folclorista é contemporânea dos inícios da III República. Ela explora um mundo rural que a via férrea, o serviço militar (menos ainda os meios de comunicação de massa) ainda não haviam posto em contato com a cidade: um mundo que se deslocará rapidamente após a Primeira Guerra Mundial. O cuidado folclorista, no entanto, não está isento de segundas intenções: ele deseja localizar, prender, proteger. Seu interesse é como que o inverso de uma censura: uma integração racionalizada. A cultura popular define-se, desse modo, como um patrimônio, segundo uma dupla grade histórica (a interpolação dos temas garante uma comunidade histórica) e geográfica (sua generalização no espaço atesta a coesão desta). A genealogia e o comparatismo vêm, portanto, reforçar a existência de uma unidade do repertório francês, no qual uma *mentalidade francesa* se exprime. Assim arrumado, o domínio popular cessa de ser o mundo inquietante que Nisard se esforçava por exorcisar e circunscrever havia menos de um quarto de século. O folclore garante a assimilação cultural de um museu desde então tranquilizador: "Ouvir nossas canções camponesas não será de pouca utilidade para os músicos e os poetas. Eles perceberão melhor, ao ouvi-las, que o segredo para comover e encantar não consiste na busca de sonoridades e de vocábulos bizarros, mas na exatidão do acento e na sinceridade da inspiração...", proclama essa mesma revista que nega todo interesse à etnologia colonial e lembra, afinal de contas, "mas, sobretudo, permaneçamos franceses"![18]

Esse interesse é, por outro lado, ambíguo de uma outra maneira. As conotações do termo *popular* que reencontramos nas revistas folcloristas da época são esclarecedoras: o popular aí está associado ao natural, ao verdadeiro, ao ingênuo, ao espontâneo, à infância. Muitas vezes, o zelo folclorista desdobra-se em preocupações federalistas, cujo sentido político é evidente. Não por acaso, o popular é, desde então, sempre identificado com o camponês. A cultura das elites, as próprias elites são ameaçadas em um outro fronte: as classes trabalhadoras e perigosas das cidades, e antes de mais nada de Paris, constituem a partir de então uma outra ameaça presente. G. Paris não procura escondê-lo quando, em um discurso solene na Sorbonne, define a arte popular: "Tudo aquilo que se produz ou se conserva no povo, longe da influência dos centros urbanos."[19] A reivindicação de uma restauração da vida provinciana, sancionada por um medievalismo meritório, a exigência de uma renovação social que deverá reencontrar o camponês no operário e conhecer as virtudes primitivas da terra,[20] a vontade de um retorno às fontes estéticas contra o "refinamento preocupante e o equívoco intelectual": os mesmos temas que anunciam os da Revolução nacional – Vichy, essa outra idade de ouro da tradição e do folclorismo – e que, de imediato, manifestam a existência de um populismo dos poderosos, em busca de uma nova aliança. Encontramos seu eco nesse entusiasmo curiosamente atual e, no entanto, fortemente acentuado de Déroulède: "Sim, vamos aos operários e aos camponeses; melhor ainda, se pudermos, tornemo-nos nós mesmos camponeses, operários, misturemo-nos em suas festas; façamos com que renasçam aqueles que a intolerância ou o esquecimento mataram; criemos outros novos."[21] A França burguesa, uma imensa quermesse? Um benefício nunca se perde.

    Espontâneo, ingênuo, o povo, uma vez mais, é uma criança. Não mais essa criança vagamente ameaçadora e brutal que se quis mutilar: o filho pródigo retorna de longe e se adorna com os enfeites do exotismo. Com sua distância também. Para G. Vicaire, "a tradição, um mundo de sensações inéditas" deve nos dar novamente a conhecer "a alma tão obscura, tão difícil de penetrar do camponês".[22] O povo é uma porcelana japonesa: devemos despertar-lhe novamente o gosto do canto; é um rio, é preciso matar a sede nele.[23] É, sem sombra de dúvida, uma mulher que precisamos revelar a ela própria: "Em suma, toda criação do espírito humano deve, para se aperfeiçoar, percorrer três estágios: em primeiro lugar, concepção quase espontânea de um ideal nas imagens populares, isto é, Tradição e Inconsciência; depois, organização racional desse ideal na obra de gênio, isto é, Consciência e Artes; enfim, encarnação desse ideal na realidade, isto é, Progresso Social... Em um grande homem, há sempre e deve haver um inconsciente nervoso e sentimental como uma mulher; mas há e deve sempre haver nele, além disso, uma perspicaz e preponderante virilidade..."[24] Elogio do estupro dialético? Em todo caso, confissão apenas travestida de uma violência antiga que oscila agora entre o *voyeurismo* e a pedagogia. Nesse campo, tudo é possível. O liberalismo um tanto desdenhoso de alguns grupos aponta precisamente que "o espírito novo não despreza ninguém; na natureza, na humanidade nada lhe é indiferente".[25] O povo é, como um todo, o bom selvagem: o confinamento cultural pode ser seguido da reserva ou do museu. O olhar dos letrados pode se querer neutro e – por que não? – simpático. A mais secreta violência do primeiro folclorismo foi ter camuflado sua violência. Ela nos transporta para o presente.

O mito da origem perdida

O que significa "popular"? Em seu estudo sobre "*popular e povo*", Marcel Maget fala da "impossibilidade de definir" e de "aporias lógicas". Ele adiciona e multiplica os critérios que sua crítica remete a outros, indefinidamente, até a vertigem.[26] Quanto à história, ela se sai melhor, quando se põe em busca da literatura popular sob o Antigo Regime? Pode-se duvidar, apesar do reforço de estudos admiráveis de Robert Mandrou, Geneviève Bollème, Marc Soriano etc.[27]

Nesse fluxo de livros eruditos, a literatura popular nem sempre diz seu nome.

Com outros, mais claramente do que outros, M. Soriano distingue, na literatura dita popular, os "escritos para uso do povo" e as "obras autenticamente populares". No entanto, os próprios textos – os contos escritos pelos Perrault, sem sombra de dúvida, e também os almanaques (G. Bollème o mostra) – têm profissionais como *autores*.[28] Eles revelam, portanto, a mentalidade dos intelectuais. Mas esses especialistas, esses letrados, não seriam eles mais adaptados ao gosto de seu público? Em outras palavras, o "popular" deveria ser procurado entre os *leitores*? É pouco provável, apesar da difusão dos almanaques durante o Antigo Regime (72 mil exemplares para o de Colombat, de 150 mil a 200 mil para outros). Em uma França ainda com 60% de analfabetos, por volta de 1780 (80%, em 1685), os almanaques encontram-se antes na biblioteca das classes médias – R. Chartier observou-o[29] e muitos dos arquivos o confirmam. Esses livrinhos do século XVIII parecem, portanto, ocupar a mesma posição que a atual literatura de bolso: atenderiam a um número maior de leitores, mas, parece, sem ultrapassar a fronteira das classes favorecidas e médias.[30]

Onde colocar, pois, "o autenticamente popular"? Uns verão nele o tesouro oculto de uma tradição oral, fonte "primitiva" e "natural", que deságua na literatura escrita. Outros postulam uma unidade da cultura, mas prolongada no curso de um movimento que faria da literatura de elite anunciadora das evoluções globais. Há, portanto, vários sistemas de explicação.

Para Bollème, a literatura de elite do Antigo Regime degradou-se em uma cultura "popular", elaborada por letrados especializados, mas possui, assim, a função transitória de despertar no povo uma necessidade de saber e de felicidade. Uma vez cumprido esse papel, em fins do século XVIII, o almanaque não teve mais razão de ser; torna-se "antiquado, obsoleto", pois o povo se põe então a falar a filosofia única, "conjugação do bem viver, da ciência, da pesquisa e do gosto pela verdade, do desejo de felicidade, do esforço em direção à virtude"[31] Porém, para Bollème, tudo isso funciona porque *há*, no povo, um "gosto", o do saber ou o "de ser instruído",[32] de cuja sonolência os almanaques despertam. Esse "gosto", correspondente a uma "necessidade" ou a uma natureza profunda, é trazido à luz pelo que há de excitante nos almanaques que inicialmente apresentaram o povo como o lugar onde habita um Deus pobre e onde uma sabedoria interior se transmite a si mesma. Mas, afinal, não se deveria concluir que o Deus oculto não é outro senão esse "gosto" e essa "necessidade", sol que a trombeta dos intelectuais tira da escuridão?

Em M. Soriano, o esquema parece o inverso. Para ele, é a própria literatura popular, "muito antiga", enraizada nas origens da história e transmitida por uma tradição oral, que emerge na literatura clássica. Ela transparece pouco a pouco na obra dos letrados, exatamente quando, tal como os Perrault, deixam de sentir qualquer "simpatia especial pelas massas trabalhadoras" e creem somente utilizá-las. Contrariamente à hipótese de G. Bollème, M. Soriano vê o movimento remontar às profundezas da tradição popular até as obras clássicas, e não descender de uma literatura de elite para produzir uma vulgarização estimulante.

Essa ascensão tira sua força de "necessidades fundamentais" e de "aspirações profundas". A expressão popular é sua manifestação primeira.[33] A história literária encontra aí sua "origem" natural. Segundo a perspectiva de M. Soriano, essa "origem" não é totalmente invisível nem redutível à evocação de aspirações populares. Ela possui, mais próxima de si do que as obras de letrados, uma expressão "autêntica" na arte popular. A busca da origem se

67

faz, portanto, mediante uma pesquisa dos textos "primitivos". Um método textual, aliás bastante extraordinário, deve, pois, pressupor que esses textos *primitivos* sejam caracterizados por um "estilo sóbrio, enérgico e eficaz". Desse modo, torna-se possível hierarquizar as versões do mesmo conto e recuperar "o autenticamente popular" na literatura das elites. A "sobriedade", a versão curta, o vigor: todos esses traços, atribuídos a uma genialidade fundamental, permitem dizer *onde* se encontra o "primitivo".

É verdade que essa construção repousa inteiramente naquilo que pretende provar. Ela pressupõe que o popular seja o *começo* da literatura e a *infância* da cultura; que a pureza de uma origem social esteja enterrada na história; que uma genialidade primitiva seja incessantemente adaptada pela literatura e deva ser incessantemente preservada e reencontrada; que, enfim, a tradição popular articule as profundezas da natureza (as "aspirações profundas" e as perfeições da arte – sobriedade, vivacidade, eficácia da narração). Com um pouco de psicanálise, explicaremos facilmente o recalcamento dessa origem e o retorno do recalcado na própria linguagem da repressão.

O impressionante nessas análises não são, como dizia M. Maget, as "aporias" resultantes dos termos do problema tal como é colocado, mas o alcance desse problema: encontrar a origem perdida. Seja qual for o seu tratamento científico, essa fascinação do objeto perdido toma posse dos métodos na vertigem da sua contradição interna. Ela os captura na sua impossibilidade.

Antes de criticar a abordagem – considerável, como sabemos – dos estudos apontados, nosso exame visa à pressão quase obcecada que exerce sobre eles essa questão da origem. Ela parte do próprio conceito de "cultura popular".

De onde vem, portanto, essa sombra? Como se constituiu essa forma que parece se apresentar às pesquisas apenas como evanescente e inapreensível? Na sua bela e erudita "Introdução à canção popular francesa", como vimos, Henri Marrou já dizia que, em última análise, "a canção folclórica extrai de seu caráter distintivo um halo popular que a encobre aos nossos olhos".[34] Qual o sentido, pois, desse fantasma que designa a origem ao ocultá-la, desse "halo" que mostra ao "encobrir"?

Uma hipótese impõe-se, ainda que ela não explique tudo. Esses estudos sobre a cultura popular tomam por objeto *sua* própria origem. Eles perseguem na superfície dos textos, diante de si, aquilo que é, na realidade, sua condição de possibilidade: a eliminação de uma ameaça popular. Não surpreende menos que esse objeto de interesse tome a figura de uma origem perdida: a ficção de uma realidade que deve ser encontrada conserva o traço da ação política que a organizou. A literatura científica faz funcionar como uma representação mítica o gesto que está em seu nascimento. Ela não poderia, portanto, introduzir no discurso, como um objeto ou um resultado de procedimentos rigorosos, o ato inicial que constituiu uma curiosidade ao eliminar uma realidade. E, sem sombra de dúvida, ela não solucionará suas contradições internas enquanto esse gesto fundador for "esquecido" ou negado.

Leituras eruditas de temas populares

Reencontra-se, no nível da análise e da interpretação dos temas, a ambiguidade do objeto *cultura popular* que já deixavam transparecer as formulações contrárias e, no entanto, solidárias, ao problema da origem. O primeiro momento é o do recenseamento. Ele é útil e necessário, o que não quer dizer que por isso seja evidente. G. Bollème e R. Mandrou constituíram repertórios, aliás abertos, temas essenciais que reencontravam nos almanaques ou nos catálogos da Biblioteca Azul: "Explorar os temas principais, as presenças e as ausências no interior do repertório da Biblioteca Azul é obter, com certeza, em larga medida, os próprios temas da cultura popular francesa sob o Antigo Regime..."[35] Muito bem. Mas há quem suponha que esses temas se apresentem por si mesmos como pertinentes e que as "unidades significativas" assim inventariadas realmente o sejam. Deparamos aqui com o problema irritante e clássico que se coloca aos historiadores, como a outros praticantes das ciências humanas, a modéstia agressiva dos folcloristas – da classificação de Aarne-Thompson no *Manuel* de Van Gennep: solidamente encastelados em um positivismo proclamado, na recusa em interpretar ou em concluir, esses inventários não serão a artimanha extrema e como que a vingança da interpretação? Sabe-se atualmente muito bem que ninguém está livre disso.

De onde surge uma dupla interrogação: de onde falam os historiadores da cultura popular? E, por conseguinte, que objeto constituem? Não é indiferente observar que as noções que serviram para constituir sua grade de inventário são todas tomadas emprestadas às categorias do saber (em G. Bollème) ou, de uma maneira mais ampla, à cultura erudita à qual R. Mandrou quis restituir o alótropo,[36] "um nível cultural menosprezado, esquecido": o *feérico*, o *maravilhoso*, o *pagão*, os conhecimentos *científicos* ou *ocultos* definem menos o conteúdo de uma cultura popular do que o olhar que lança sobre ele o historiador. "A inclinação em direção ao real, ao atual, ao humano" que G. Bollème lê nos almanaques do século XVIII, a que real, a que história, a quem ela conduz? A recusa da duração, na qual se vê, por outro lado, a característica desse fundo cultural[37], não será antes o reconhecimento, pela cultura erudita de hoje, de sua temporalidade essencial e, finalmente, uma confissão espantada diante de seu outro? A reconhecida incerteza quanto às fronteiras do domínio popular quanto à sua homogeneidade diante da unidade profunda e sempre reafirmada da cultura das elites poderia justamente significar que o domínio popular não existe ainda porque somos incapazes de falar dele sem fazer com que ele não mais exista. R. Mandrou escreve que as "incoerências fazem parte dessa visão do mundo que a Biblioteca Azul espalhou durante mais de dois séculos".[38] São, paradoxalmente, os termos dos antigos censores. Essas incoerências são, contudo, o inverso da nossa impotência em reencontrar a coerência de uma totalidade cultural: eis os nossos primitivos. Disso resulta, o que é mais grave ainda, uma desqualificação do objeto assim classificado, ressituado e desde então tranquilizador.

O popular na história social

Porém há mais ainda. Os problemas do inventário remetem mais profundamente aos da interpretação dos temas e, antes de mais nada, aos colocados pelo próprio estatuto da interpretação. O que dizem os textos trazidos desse modo à luz, o que podem dizer? A temática da literatura popular apresenta-se nas nossas obras como a manifestação de algo diferente que a sustentaria, o *popular*. Nada mais esclarecedor, a esse respeito, do que o capítulo sumário consagrado por M. Soriano às massas camponesas e ao folclore do fim do século XVII;[39] ele questiona, ao aumentar os problemas, a própria existência de uma história social da cultura: uma evocação rápida do "sombrio século XVII", algumas generalidades acerca das tensões sociais no campesinato francês (as revoltas) e acerca de sua suposta derivação ideológica (a feitiçaria), alusões ao mundo da crença e da superstição tomadas emprestadas aos autores recentes acabam por servir de caução histórica à investigação. "É", diz Soriano, "nesse contexto que é preciso situar o folclore, isto é, o conjunto das manifestações artísticas desse campesinato: danças, cerimônias, canções e, naturalmente, contos."[40] Além de não ser evidente a identidade entre "artístico" e "popular", vê-se muito bem que a cultura popular define-se aqui de maneira apenas tautológica: é "popular" aquilo que *reflete* imediatamente a situação histórica do povo sob o Antigo Regime. O trabalho consiste, nesse caso, em reencontrar na história cultural os próprios temas da história social. Entra-se em um sistema sem fim de glosas e de retornos. A invenção fecha-se no reconhecimento, e o *corpus* torna-se repertório de citações. Nem o folclore nem a história encontram explicação.

Como funciona a expressão cultural com relação à sua inserção social? Se for verdade que aquilo a que chamamos cultura popular penetrou todos os aspectos da vida camponesa no século XVII, em que sonhos, em que mitos ela se organizou?[41] Respondendo a uma pergunta de E. Le Roy Ladurie, Soriano aspira a poder restituir a grade segundo a qual Perrault teria bebido no repertório folclórico; é, com efeito, uma das chaves dos *Contos*.[42] Como é possível, por conseguinte, supor o problema resolvido por aquilo que é do próprio repertório? Não é surpreendente que os temas, isto é, o próprio *popular*, oscilem entre a descrição social positivista ("o conteúdo social dos contos") e a alusão ao conteúdo inapreensível de um domínio falaciosamente óbvio. De maneira muito sintomática, Soriano desvia-se do problema da coerência e do funcionamento da cultura popular em direção à pesquisa genealógica do texto primitivo. Durante todo o tempo, a cultura popular está pressuposta no desenvolvimento que ela deve garantir. Desse modo, ela está sempre em outro lugar; ao fim e ao cabo, não é nada.

Algumas observações, aqui ou lá, dão no entanto a ideia daquilo que poderia ser uma análise temática. Trabalhando com *corpus* bastante próximo, R. Mandrou e G. Bollème, historiadores mais atentos, observam que, na representação inflexível e imposta do alto que dão da sociedade, livros e almanaques deixam transparecer uma fenda: a função do pastor, marginal social por profissão, sujeito e objeto natural, cuja simplicidade se rege segundo a evidência evangélica, cuja inocência, ao mesmo tempo em que garante a festa, carrega a violência, poderia justamente revelar incidentalmente o olhar lançado pelo outro para uma sociedade que se constrói sobre o silêncio e a exclusão do outro.

Em outra passagem, também, G. Bollème observa que "o catolicismo é a religião dos pobres" e que o Deus dos almanaques é o "Deus dos pobres": tema evangélico, lugar-comum ao rico passado, mais rico ainda no futuro, sem dúvida; sentimo-nos tentados, contudo, a ver aí um grupo social ocupado em fazer ouvir sua verdade (isto é, antes de mais nada a se situar na verdade) por meio da sua participação alegórica nos sofrimentos do Evangelho. Somos tanto mais tentados ainda a fazê-lo quando o autor observa a importância aparentemente paradoxal de uma linguagem religiosa (por outro lado, secularizada) nos almanaques do século XVIII.[43] É possível ver aí, assim como o indício de uma religiosidade popular em expansão, o refluxo de uma cultura popular em direção à única linguagem que ainda lhe permite exprimir-se diante do triunfo da razão que desejaria negá-la. A linguagem da religião poderia, nesse caso, ser o último recurso de uma cultura que não pode mais se manifestar e que deve se calar ou se disfarçar para que se faça ouvir uma ordem cultural diferente. Reencontramos aqui a própria raiz do nosso problema: a cultura popular aprende-se apenas segundo o modo de desaparecimento porque nosso saber se impõe, qualquer que seja o caso, não mais ouvir e não mais saber falar disso.

Enfim, para além dos métodos e dos conteúdos, para além do que ela diz, uma obra julga-se por aquilo que cala. Ora, é preciso reconhecer, os estudos científicos – e, sem dúvida, também as obras que eles privilegiam – comportam estranhas e vastas regiões de silêncio. Esses brancos desenham uma geografia do *esquecido*. Eles traçam em negativo a silhueta das problemáticas expostas em preto e branco nos livros eruditos.

Uma geografia do eliminado

Para ficarmos apenas em um esboço dessa geografia, três regiões parecem ausentes desses estudos, embora por diferentes motivos: a criança, a sexualidade, a violência.

A criança

Ausência da criança? Parece paradoxal dizê-lo, uma vez que esses estudos têm exatamente como *leitmotiv* a associação "criança e povo". Eles passam muitas vezes, além disso, da literatura infantil à literatura popular. Literatura para crianças, literatura provinda da criança e das origens do homem, literatura pedagógica: todos esses temas favorecem a assimilação do povo à criança e explicitam seu sentido. Mas tornam apenas mais sintomático tudo aquilo que é *dito* da criança, figura que serve de alegoria daquilo que se *pensa* do povo.

M. Soriano mostrou magistralmente que o problema do pai é uma das chaves da obra de Perrault. Sem dúvida é preciso fazer dessa tese uma hipótese muito mais geral e estendê-la a um número bastante grande de contos e lendas. Porém será indubitável, como crê M. Soriano, que se deva interpretar esse fato como o indício de uma "morte" ou de um apagamento do pai? Ele aí vê a prova do nascimento de uma geração privada de pais e sem "ancestrais", desde então abandonada a si própria, educada apenas pelos livros que lhe são apropriados. A literatura infantil substituiria a presença dos pais.

Há muitos indícios do contrário. Em primeiro lugar, há muito poucas crianças na literatura resgatada. Antes, os adultos fazem de si, no espelho de textos supostamente destinados a crianças, a imagem de si mesmos tal como a imaginam. Eles se oferecem sua própria lenda, por intermédio dos adultos apresentados às crianças. Certamente, devemos nos perguntar também se não ocorre o mesmo com os membros das classes médias que se reproduzem e idealizam na imagem que pretendem oferecer de si próprios ao "bom povo". Seria menos surpreendente, nesse caso, o grande prazer que os nobres e os burgueses sentem em ler essa literatura, quando se supõe que tenham constituído a parte mais importante de sua clientela. O adulto agiria do mesmo modo ao comprar, "para agradar às suas crianças", contos concebidos para lhe dar prazer. Uma autossatisfação, que é também uma tautologia de adultos, faria das crianças seu mero pretexto, seu instrumento e sua sustentação.

Porém, muito mais ainda, a criança, quando aparece, possui exatamente o saber ou as virtudes do adulto. O "bruxinho", o "pequeno mágico" etc.[44] ou "a criança sábia aos três anos"[45] sabe já tanto quanto os grandes, e mais ainda. E por esse motivo é contestadora? Não, ela repete seus predecessores, ainda que os antecipe. Ela confirma, portanto, que não há duas sabedorias nem duas morais, mas que aquelas dos pais permanecerão sendo as das crianças, as do futuro, as de sempre. O fundo "natural", na criança, reencontra o dito dos pais e mais o comprova do que ameaça. Supõe-se que a espontaneidade infantil escape aos adultos, mas esse distanciamento é um artifício que lhes assegura melhor seu saber.

Do mesmo modo, os autores dessa literatura infantil – os "pais" desses folhetos –, ao se referirem a uma "natureza" infantil, confirmam assim suas concepções e suas aspirações, as quais devem passar pelo outro para ser mais bem reconhecidas. As crianças, portanto, não teriam "mais pais" e não encontrariam mais diante de si a violência do pai pela razão muito simples de que elas foram feitas como a repetição e a imagem dele na literatura que fala delas. Por conseguinte, um poder exprime-se nelas, por meio delas, sem ter que se revelar como tal. Ele logo o fará, no entanto, quando a " nova pedagogia" pretender conhecer, como um objeto, a "natureza" da criança e obter assim, de antemão, os "instintos" ou as "necessidades" que ela desejará desenvolver.[46]

"As crianças", escreve M. Maget, "são depositárias de uma cultura que se transmite à margem da cultura adulta, da qual ela pode representar uma forma alterada."[47] *Isso* são as crianças tais como as remodelam os estudos etnológicos. Sua "cultura" aí se apresenta alterada para que não pareça diferente daquela dos adultos. Em um outro sentido, foi preciso "alterá-la" para ajustá-la ao sonho do adulto e colocá-la sob o signo dos "*civilizados*"[48] ou dos *espelhos de virtudes*; nela se apagaram dois aspectos fundamentais: a sexualidade e a violência.

A sexualidade

Não se fez o mesmo com o povo, para conformá-lo à imagem de si que o exotismo etnográfico ou "popularista", como todo exotismo, tem por objetivo fornecer ao adulto, ao homem ou ao burguês? Não há nada mais belo "do que a grosseira e rude honradez do artesão", escreve o jornal *Le Français* em agosto de 1868, a propósito de um folheto, "La malice des grandes filles". Também "maldito daquele que turva a limpidez dessas águas". A comissão de censura será "o anjo da guarda" protetor da inocência do povo contra "as fotografias impuras".

Nisard, uma vez mais o santo Jean Bouche de ouro dessa ciência, discorre longamente sobre o assunto. Assim, a propósito dos conhecimentos sexuais das crianças, ele se extasia com as "bobagens" que encontra no *Catéchisme des amants, par demandes et réponses, où sont enseignés les principales maximes de l'amour et le devoir d'un véritable amant* (Tours 1838), quando aí se fala da "idade na qual se pode começar a fazer amor, que é 14 anos para os rapazes e 12 para as garotas".[49] Ele não sabia muito acerca dos costumes e camponeses.

Mas o adulto tem necessidade da "inocência" que atribui à criança (e que, por exemplo, os estudos de Gaignebet acerca das *comptines** desmistificaram).[50] Ele nega aquele que se opõe ao seu sonho. Reflexo característico do qual seria preciso fazer uma análise mais detalhada de como funciona na eliminação da sexualidade e da violência. Contentemo-nos em apontar ainda essas duas regiões em branco.

De fato, nos estudos citados, choca-nos o silêncio que recobre a sexualidade. M. Soriano narra-nos a estranha história do conto *La belle au bois dormant:* ao homem casado que era seu amante, colocou-se um príncipe adolescente, e é inconsciente, num sono mágico, que ela faz amor com ele e *dá à luz.*[51]

Poder-se-ia ver nessa história a alegoria daquilo que se passa até em alguns dos estudos consagrados à cultura popular? Os conhecimentos ou as relações amorosas neles caem num sono mágico. Entram no inconsciente da literatura erudita. De Nisard a Bollème, praticamente não se discute isso, exceto para proclamar sua não plausibilidade.

A violência

Das "classes perigosas", das reivindicações ameaçadoras, não se vê nenhum traço nessa *literatura*. Para que elas intervenham é preciso, por exemplo, que M. Soriano

---

* *Comptine* é uma fórmula infantil (cantada ou falada) que serve para designar aquele a aquem será atribuído um papel em um jogo (por exemplo: slamê minguê). (N.T.)

deixe o terreno literário e passe à *história* (sobretudo em seu artigo dos *Annalles*) para analisar a *função* e o lugar sociais dessa literatura. A articulação dos textos com uma história política é, no entanto, fundamental. Somente ela explica como se constituiu um *olhar*.

O mesmo "esquecimento" no que concerne às revoltas camponesas, às reivindicações regionais, aos conflitos autonomistas, em suma, à violência. Robert Mandrou apontou como, desde o século XVIII, a literatura popular exerce o papel de um álibi e funciona como uma alienação do povo que ela "distrai" ou representa.⁵² Ocorre o mesmo no século XIX: do camponês, os folcloristas apagam as guerras; dele nada resta senão uma "alma obscura". As rebeliões das províncias deixam como vestígios, na sociedade dos "tradicionalistas", apenas "os reservatórios profundos onde dormem o sangue e as lágrimas do povo" (1887). As sublevações populares emergem somente, nas pesquisas eruditas, sob a forma de um objeto lastimável que deve ser "preservado": "as tradições francesas abolidas ou desfiguradas".

"É possível ser bretão?", perguntava Morvan-Lebesque. Não, responde a literatura científica, salvo a título de objeto "abolido" e nostálgico. Porém a história mostra que a violência foi apagada da literatura porque o foi anteriormente por uma violência. As datas são eloquentes. O "burlesco" dos Perrault (1653) segue a repressão das frondes políticas. O interesse dos correspondentes de Grégoire pelos patoás (1790-1792) acompanha e supõe o apagamento político dos regionalismos diante do "patriotismo". Os estudos de Nisard sobre o *colportage* (1854) tornaram-se possíveis em virtude da derrota dos movimentos republicanos e socialistas de 1848 e do estabelecimento do Império em 1852. Uma violência política explica a eliminação da violência no estudo dos particularismos ou da "cultura" popular. O que proporcionou esses paraísos perdidos aos letrados foi, uma vez mais, uma vitória do poder.

Não se poderia, ademais, censurar a uma literatura o fato de se articular sobre uma violência (uma vez que é sempre esse o caso), mas não o ter confessado.

Ciência e política: Uma interrogação

Para onde quer que nos voltemos, reencontram-se desse modo os problemas que, de *Tristes trópicos* [de C. Lévi-Strauss] ao recente *Paix blanche* de R. Jautin, a etnologia aprendeu a reencontrar em uma prática mais diretamente concreta e política, mais facilmente decifrável do que a do historiador. De imediato, desejaríamos inicialmente extrair a lição de alguns desses livros recentes, importantes, por demasiado fácil e minuciosamente criticados aqui. Eles têm o mérito, que não é pouco, de ter inventado um tópico em virtude de sua própria ambiguidade. O de, também, repousar sobre um enorme trabalho de decifração, que sugere um certo número de pistas de estudo; a mais clássica, a mais difícil, talvez, pela raridade de documentação significativa seria a via de uma sociologia da cultura, da sua produção, de sua difusão, de sua circulação: essa pode ser, se assim desejarmos, a abordagem externa de uma coerência, necessária e, no entanto, insuficiente. A outra via se faz mediante uma crítica interna da própria coerência; ela pode recorrer a ferramentas tão opostas (mas igualmente problemáticas) quanto a análise linguística, a formalização da narrativa reduzida a esquemas-tipos,[53] o método textual, a análise das representações conceituais etc. São, contudo, apenas abordagens cujo primeiro papel é definir um objetivo e, por meio dele, um objeto a ser inventado.

Para o historiador, assim como para o etnólogo, o objetivo é fazer funcionar um conjunto cultural, fazer com que apareçam suas leis, ouvir seus silêncios, estruturar uma paisagem que não poderia ser um simples reflexo, sob pena de nada ser. Mas seria um erro acreditar que esses instrumentos sejam neutros e seu olhar, inerte: nada se oferece, tudo deve ser tomado, e a mesma violência da interpretação pode aqui criar ou suprimir. A mais ambiciosa das nossas obras, a mais audaciosa é também a menos histórica e aquela que certamente mais deixa escapar seu objeto quando pretende submetê-lo ao fogo convergente de uma série de interrogações (literária, folclorista, linguística, histórica, psicanalítica etc.). M. Soriano declara "assumir voluntariamente a etiqueta de ecletismo".[54] Porém, não será um ecletismo de indiferença, e ilusório, aquele que pretende submeter o mesmo objeto a tantas indagações, como se cada uma delas não constituísse, na sua especificidade, um novo objeto, cuja *distância* com relação aos outros, e não a semelhança direta, é constitutiva? O perigo não é, como se desculpa o autor, utilizar "ao mesmo tempo métodos reconhecidamente incompatíveis", mas utilizá-los da mesma maneira, sem nada obter de sua diferença. Nesse sentido, o mais fecundo dos ensinamentos é ainda a estrutura quase autobiográfica do livro, na qual se pode tentar ler a maneira como o questionário "conduziu" seu autor.[55] É porque, em última análise, o estudo informa-nos menos sobre a cultura popular do que sobre aquilo que é, para um universitário progressista de hoje, falar da cultura popular. Isto nos remete a uma questão com que deparamos repetidas vezes e à qual é preciso responder: *de onde se fala, o que se pode dizer?* Mas também, enfim: de onde falamos *nós*? O problema torna-se, por conseguinte, imediatamente político, uma vez que coloca em causa a função social – isto é, antes de mais nada repressivo – da cultura erudita.

É evidente que, por meio da crítica de Soriano, é o nosso lugar que urge definir. Onde estamos nós, a não ser na cultura erudita? Ou, se desejarmos: a cultura popular existe em outro lugar que não no ato que a suprime? Está claro, por outro lado, que nossa agressividade postula, talvez não imediatamente, mas de modo tão inevitável quanto o progressismo confiante dos nossos autores, um tipo de ligação política e social na qual a relação da cultura popular com a cultura erudita poderia não ser de simples hierarquização, mas sim uma espécie de democracia cultural cuja utopia é apenas o oposto da violência que exercemos. Se recusamos a distinção elite/povo, que nossas obras admitem sem nenhuma dificuldade no limite de sua pesquisa, não podemos ignorar que um ato *escrito* (o nosso, portanto), um objetivo não poderiam suprimir a história de uma repressão nem pretender seriamente fundar um tipo novo de relação: a última artimanha do saber é reservar para si a profecia política. Além disso, poderíamos pensar em uma organização nova no seio da cultura que não fosse solidária com uma mudança da relação entre as forças sociais?

É exatamente isso que o historiador – é, afinal, *nosso* lugar – pode apontar aos analistas literários da cultura. Por função, ele desaloja estes últimos de uma pretensa condição de puros espectadores ao lhes manifestar a presença, por toda parte, de mecanismos sociais de seleção, de crítica, de repressão, mostrando-lhes que é sempre a violência que funda um saber. A história está nisso, ainda que não seja senão isto: o lugar privilegiado onde o olhar se inquieta. Seria inútil, no entanto, esperar de um questionamento político uma isenção das culturas, uma manifestação súbita enfim liberada, uma espontaneidade liberada como desejavam ambiguamente os primeiros folcloristas. A história das antigas divisões nos ensina que nenhuma delas é indiferente, que toda organização supõe uma repressão. Simplesmente, não é certeza que essa repressão deva sempre se fazer segundo uma distribuição social hierárquica das culturas. O que ela pode ser é a experiência política viva de nos ensiná-la, se a soubermos ler. Não é mau recordá-lo no momento em que se colocam as questões urgentes de uma política e de uma ação culturais.

Ainda ficam por marcar os limites da própria indagação. Toda antropologia articula cultura e natureza segundo uma ordem que é aquela, majoritária e estática, do olhar e do saber. A invenção política pode fazer novas articulações que levam em conta uma dinâmica da repressão. Não se trata de prever ou de desejar essa nova ordem que é o próprio ato político e como que o avesso da história. O ato político pode reivindicar toda a cultura e colocar em causa todas as divisões. Contudo, uma outra cultura suporá ainda uma repressão, mesmo se ela funda uma nova participação política. A linguagem instala-se nessa ambiguidade, entre aquilo que ela implica e aquilo que ela revela. Do acontecimento político, a própria ciência recebe seus objetos e sua forma, mas não a sua condição; ela não se reduz a ele. Sem dúvida, será sempre necessário um morto para que haja fala; mas ela falará da sua ausência ou da sua carência, e explicá-la não se limita a apontar aquilo que a tornou possível em tal ou tal momento. Apoiada no desaparecido cujo vestígio ela carrega, visando ao inexistente que ela promete sem dar, ela permanece o enigma da Esfinge. Entre as ações que simboliza, ela mantém o espaço problemático de uma interrogação.

Notas

1. Escrito em colaboração com Dominique Julia e Jacques Revel.
2. Visamos ao *conceito* de "cultura popular", deixando provisoriamente de lado todo o problema da literatura oral, tal como é atualmente estudado pelos folcloristas.
3. Charles Nisard, *Histoire des livres populaires*, 2ª edição, 1864, p. 1.
4. Marc Soriano, "Burlesque et langage populaire de 1647 à 1653: Sur deux poèmes de jeneusse des frères Perrault", em *Annales ESC*, 1969, pp. 949-975.
5. Retomamos esses termos – "elite", "massa", "povo" etc. – tal como se empregam na literatura sobre o assunto.

6. W. Mühlmann, *Messianismes révolutionnaires*, Gallimard, 1968, p. 218.

7. *Relation de la cérémonie de la rose qui s'est faite dans le village de Salancy le 8 juin 1766*, Noyon, 1766. A cerimônia é presidida pelo intendente da Picardia, Le Pelletier de Morfontaine, que está acompanhado pela condessa de Genlis, a futura educadora de Louis-Philippe. Será por acaso que na literatura edificante destinada ao operário lilês do Segundo Império reencontramos *La rosière de Salancy*, de Joseph Chantres (1867, 120 p.)? Cf. Pierre Pierrard, *La vie ouvrière à Lille sous le Second Empire*, Bloud et Gay, 1965, p. 274.

8. *Histoire de la rosière de Salancy ou recueil de pièces tant en prose qu'en vers sur la rosière dont quelques-unes n'ont point encore paru*, Paris, Merigot, 1777, p. 83.

9. Nos numerosos relatos de festas de *rosières* do fim do século XVIII, o povo é apenas um figurante para os olhos enternecidos dos cortesãos em visita a Arcádia.

10. Cf. ainda hoje Henri Davenson, *Le livre des chansons*, Club des librairies de France, 1958, p. 20.

11. *Lettres à Grégoire sur les patois de France, 1790-1794*, publicado por A. Gazier, Paris, 1880 (reimpresso Genebra, Slatkine, 1969).

12. A biblioteca da Société de Port-Royal conserva uma reunião de peças impressas em patoá e enviadas a Grégoire.

13. *Op. cit.*, p. 118.

14. Circular de 4 de janeiro de 1851, Archives nationales F (18) 555.

15. *Ibidem*.

16. 1ª edição 1854; reeditada Paris, Misonneuve et Larose, 1968.

17. Charles Nisard, *op. cit.*, edição de 1854, p. IV.

18. *La tradition nationale*, outubro de 1896, pp. 4-5.

19. Discurso de 24 de março de 1895, em *La tradition en Poitou et Charente*, Paris, 1896, p. VI.

20. *Ibid.*, p. XIV (discurso de G. Boucher).

21. *Ibid.*, p. XVIII.

22. G. Vicaire, "Nos idées sur le traditionnisme", em *Revue des traditions populaires*, 1886, n. 7, p. 189.

23. *Ibid.*, pp. 190-191.

24. *La tradition...*, 1887, t. 1, pp. 3-4.

25. *Ibid.*, p. 8.

26. Em Jean Poirier (org.), *Ethnologie générale*, Encyclopédie de la Pléiade, 1968, pp. 1279-1304.

27. Robert Mandrou, *De la culture populaire en France aux XVIIe et XVIIIe siècles. La bibliothèque bleue de Troyes*, Stock, 1964; Geneviève Bollème, "Littérature populaire et littérature de colportage au XVIIIe siècle", em *Livre et société dans la France du XVIIIe siècle*, Mouton, 1965, pp. 61-92; G. Bollème, *Les almanachs populaires au XVIIe et XVIIIe siècles. Essai d'histoire sociale*, Mouton, 1969; Marc Soriano, *Les contes de Perrault. Culture savante et traditions populaires*, Gallimard, 1968 etc.

28. Cf., por exemplo, G. Bollème, "Littérature populaire", pp. 66-67.

29. R. Chartier, em *Revue historique*, 495 (1970), pp. 193-197.

30. Cf., por exemplo, Jean-Paul Sartre, "Points de vue: Culture de poche et culture de masse", em *Temps modernes*, n. 208, maio de 1965.

31. G. Bollème, *Les almanachs populaires*, pp. 123-124.

32. G. Bollème, em *Livre et société*, pp. 75 e 89.

33. Marc Soriano, *Les contes de Perrault*, p. 489.

34. Henri Davenson, *Le livre des chansons*, p. 21.

35. R. Mandrou, *op. cit.*, p. 21.

36. A afirmação implícita de uma simetria parece em si mesma reveladora da cultura erudita, desejosa de que se esqueça e, sem dúvida, esquece-se de sua relação repressiva com a cultura popular.

37. G. Bollème, em *Livre et société*, 1965.

38. R. Mandrou, *op. cit.*, p. 150. Diferença, no entanto, fundamental: a "incoerência" da qual falam as censuras comporta um julgamento moral e visa a uma desordem mental; em R. Mandrou, ela designa "aquilo que escapa", um inapreensível.

39. M. Soriano, *op. cit.*, 2ª parte, capítulo I, pp. 88-98.

40. *Ibid.*, p. 95.

41. Cf. as observações de Nicole Belmont, "Les croyances populaires comme récits mythologiques", em *L'homme*, abril-junho de 1970, pp. 94-108.

42. M. Soriano, "Table ronde sur les contes de Perrault", em *Annalles ESC*, maio-junho de 1970, p. 65. Seria, originalmente, uma abordagem

fundamental das relações históricas entre uma cultura erudita e as tradições populares. Cf. também *Annalles ESC*, 1969, pp. 949-975.

43. G. Bollème, em *Livre et société*, p. 79.
44. Nisard, edição de 1864, t. I, p. 184.
45. *Ibid.*, t. II, p. 15.
46. Cf. Claude Rabant, "L'illusion pédagogique", em *L'inconscient*, n. 8, pp. 89-118.
47. M. Maget, em Jean Poirier (org.), *Ethnologie générale*, p. 1283.
48. Nisard, *op. cit.*, t. II, p. 381 ss.
49. *Ibid.*, t. I, p. 294.
50. Claude Gaignebet, *Le folklore obscène des enfants français*, Maisonneuve et Larose, 1974.
51. M. Soriano, *op. cit.*, pp. 125-130.
52. Os livrinhos azuis de Troyes, diz ele, constituíram "obstáculo à tomada de consciência das condições sociais e políticas às quais estavam submetidos esses meios populares" (*De la culture populaire*, p. 163).
53. Cf. as recentes traduções de V. Propp, *Morfologie du conte*, Le Seuil e Gallimard, 1970.
54. Artigo citado, *Annalles ESC*, 1970, p. 638.
55. *Ibid.*, p. 636.

4
A LINGUAGEM DA VIOLÊNCIA

Quando os bombardeiros US B-52 atacam o Vietnã do Norte ou quando militares chilenos agridem com porretes e massacram, torna-se derrisório *falar* da violência. As declarações sobre a paz, a justiça, a liberdade ou a igualdade se transformam em uma linguagem da derrisão pelos poderes que as multiplicam ao multiplicar a violência. Como repetir depois deles essas palavras vazias de conteúdo? Os discursos da boa-fé reúnem esses resíduos deixados pelo poder e fazem-nos passar por verdades. De fato, a fraseologia hipócrita, a exibição dos grandes nem mesmo escondem mais sua impotência. Essa derrisória "nobreza" pretende somente preservar um cenário de "valores". Ela não mais nos interessa.

Porém devemos tomar como responsabilidade essa linguagem humilhada, como o sinal de uma situação geral. Tal como é, decaída, ela mostra aquilo que as sociedades ocidentais dela fizeram, e não posso me isentar dessa situação comum apresentando um certificado de intelectual.

A violência, em primeiro lugar, não constitui uma matéria oferecida à reflexão nem um objeto que se oferece a um observador. Ela está inscrita no lugar de onde falo. Ela o define. O fato que se impõe, antes de qualquer exame dos fatos, é que a violência está marcada a fogo nessa "linguagem enferma" (Austin), objetivamente servil, utilizada – diga ela o que disser – pelo sistema que ela recusa e presa, levada, "refeita" pelas redes comerciais, cujo funcionamento socioeconômico é mais pleno de significado do que todos os conteúdos ideológicos. Um texto é transformado em mercadoria e em sintoma do sistema que o transporta e vende. Preliminar a uma discussão acerca da violência é aquilo que trai esse discurso capturado e débil.

Esse discurso funciona como uma manifestação da violência, se por isso entendermos uma distorção crescente entre aquilo que ele diz e aquilo que uma sociedade faz dele. Ele se torna, ele próprio, uma linguagem da violência. Porém o retorno da violência na linguagem não nos indica somente uma nova condição do discurso na sociedade e a desmistificação do poder ao qual damos crédito desde o século das Luzes; ao analisar como se produz a não significação daquilo que se *diz*, obtemos também um meio de encontrar aquilo que se deve *fazer*.

Uma literatura da defecção

Dois séculos de análise linguística mostraram que a linguagem não mais exprime as coisas, não mais dá presenças e não mais é a transparência do mundo, mas sim um lugar organizado que permite atividades. Ela não mais dá aquilo que ela diz: falta-lhe o ser. Além disso, ela pode se vender. A deserção do ser tem como corolário a atividade à qual a linguagem fornece ao mesmo tempo o espaço e o objeto. Talvez seja esse o motivo de uma divisão que caracteriza a cultura contemporânea. Nos campos científicos, uma linguagem artificial e arrojada articula as práticas. No seu campo literário, a linguagem está voltada para a narrativa de histórias. Ela se torna romance. Em vez de criticar as causas e as etapas dessa situação, detenhamo-nos em um dos seus efeitos consideráveis na produção literária: cada vez mais, essa linguagem-ficção é a máscara e o instrumento da violência.

O discurso político não revela os cálculos de que resulta, mas os serve. As ideologias repetem verdades que se tornaram não críveis, mas que são sempre distribuídas pelas instituições que delas se beneficiam. A publicidade soletra o paraíso que organiza nos bastidores uma tecnocracia produtivista. Os meios de comunicação de massa internacionalizam transmissões anônimas, destinadas a todos e verdadeiras para ninguém, segundo a lei de um mercado dos significantes, que fornece uma rentabilidade indefinida aos seus encenadores e não pode proporcionar ao seu público senão o esquecimento.

Hegel diagnosticava uma situação semelhante na cultura do século XVIII. O conteúdo do discurso é, nesse caso, diz ele, "perversão de todos os conceitos e de todas as realidades", isto é, "a fraude universal de si mesma e dos outros".[1] O fenômeno é diferente, hoje: não há mais uma verdade que revelaria o jogo da fraude. A possibilidade de enganar se esvanece. *Quem* enganará *quem*? Com efeito, para dar um exemplo, o espectador não é iludido pelo teatro, mas não o diz. Sua atividade concentrou-se no trabalho que sinaliza a aquisição do aparelho de televisão; diante das imagens que multiplicam o objeto-prestígio, ele pode ser passivo e nem mesmo pensar nisso.[2] Ele se abstém. Os organizadores do "teatro" não se apoderam, portanto, daquilo em que colocam significados, geradores de necessidades. Mas eles próprios estão ausentes de seus produtos; obedecem às leis de um mercado. Destinadores e destinatários estão igualmente ausentes dessa linguagem que cria entre eles sua lógica própria. Um neutro ocupa o espaço onde, há pouco, invertiam-se e confundiam-se as posições. A uma literatura da perversão sucede outra da defecção.

A linguagem-mercadoria não diz para que serve nem o que a determina. Ela é seu efeito. É o produto do sistema violento que, apreendido sob sua forma cultural, desarticula a fala e a língua, coagindo uma a se calar e a outra a se proliferar indefinidamente.

Que saída encontrar na própria cultura? "A fuga no silêncio" (McPherson)? Um retorno à raridade é próprio das comunidades onde uma prática do embate retoma as palavras em suas origens e dá início a uma terapêutica da afasia gerada pela superprodução dos significados. Por sua vez, a atividade literária desconstrói a sintaxe e o vocabulário, a fim de obrigá-los a revelar o que reprimem. Ela busca também uma utilização onírica das palavras; cultiva os lapsos e os interstícios e tudo aquilo que, ao manifestar "as incapacidades da fala" (Artaud), atravessa e corta os sistemas linguísticos. Contudo, essas violências feitas à linguagem indicam seu funcionamento, mas não o mudam. Elas participam daquilo que denunciam. Ao sair da não significação, tornam-se impotentes.

Um poder sem autoridade: A tirania burocrática

Essa literatura da defecção, com efeito, é apenas o corolário de um poder sem autoridade. É verdade que a tradição política reconhece, depois de um longo tempo, que "todo Estado se funda sobre a força" e supõe uma dominação, mas afirma que ele se estabelece somente sob a forma de um poder *legítimo*. Como demonstra Passerin d'Entrèves,[3] é uma força "institucionalizada" ou "qualificada". Essa legitimidade não provém de procedimentos que o regulamentam ou que ele ordena, mas da autoridade que lhe é reconhecida e que associa a uma "renúncia" dos indivíduos (a *Versagung* freudiana)[4] as competências que lhes oferece uma organização do grupo. Aquilo que o poder legítimo *proíbe* apoia-se sobre aquilo que ele *permite* (ou torna possível) fazer ou pensar.

Com efeito, até então, ele compensava o que proibia *fazer* por aquilo que permitia *crer*. Ele podia contar com a credibilidade de um Deus, de um homem ou de uma categoria social, isto é, de um *outro*, para compensar a resistência dos indivíduos ou dos grupos às proibições lançadas contra eles. Ele jogava com essa autoridade ligada a uma delimitação visível do outro, para obter a renúncia e o reconhecimento nos setores, ainda localizados, da vida pública. Mas, ao se constituir em Estado pedagogo, não cessou de estender o domínio do público e de ocultar sua relação com um poder particular. Por princípio, o Estado-escola impõe-se a todos e não pertence a ninguém. Ele suprime seu próprio limite. Destrói o que funda ao mesmo tempo uma autoridade, um controle e uma luta: a relação com um outro. Sua linguagem objetiva dá-se como uma lei sem fronteiras: a do mercado, a da história. À guisa de escudos, os mestres ocultam sua violência em um sistema universal e obrigatório. O grupo particular dos produtores apaga sua marca na lógica expansionista de seus produtos. Se é verdade que toda ordem mantém uma relação necessária com a violência de uma outra indomável[5] (expresso em um crime mítico, em um conflito admitido, em uma categoria social), temos aqui o crime perfeito, aquele que não deixa na linguagem nenhum outro vestígio a não ser seu anonimato.

Desse modo, desenvolve-se um poder sem autoridade, pois ele se recusa a manifestar-se, não tem nome próprio nem ninguém que o autorize expressamente ou a quem preste conta. É o "reino do anônimo", uma "tirania sem tirano": o regime burocrático. Esse sistema de alienação universal substitui os responsáveis por beneficiários e os sujeitos por explorados. Opaco a si próprio, tira incessantemente vantagem de sua indistinção e perde cada vez mais sua credibilidade.

Sobreviver é, por conseguinte, fugir ou romper o anonimato do qual a linguagem é apenas o sintoma; é restaurar a luta sobre a qual se articula uma ordem. "Quanto mais a vida pública tende a se burocratizar, mais aumenta a tentação do recurso à violência."[6] De um modo mais geral, à falta de ser "permitida" pelo reconhecimento de forças mutuamente irredutíveis, a capacidade de agir reflui em direção à desobediência civil. Ela reintroduz a violência do outro.

É indubitável que esse regime totalitário obteve seu modelo da ciência. Ao discurso que organiza as práticas, é essencial poder ser sustentado por "qualquer um" e não ser de ninguém em particular. Na realidade, a neutralidade do discurso científico, associada à ocultação de seu funcionamento, ao apagamento dos organismos decisórios, à obliteração dos lugares sociais onde ele se constrói, fez dele um discurso do servilismo inconsciente. Ele está hoje a serviço do desenvolvimento militar que mobiliza o essencial da pesquisa básica, fixa seus objetivos e com ela se acelera.[7] Um poder violento se introduz sub-repticiamente no lugar deixado vazio do "qualquer um". Mas, se ele provê de um senhor oculto esse expansionismo da ciência operacional, ele é determinado por sua lógica; ele lhe destina um papel belicoso, mas sem poder controlar o princípio interno de seu progresso.

Uma sociedade do despojamento

A mais operacional das linguagens torna-se, desse modo, a mais impotente. Ao barrar sua relação com as forças produtivas e com os sujeitos responsáveis, ela estabeleceu como proprietária anônima a violência que pretendia suprimir. Ela pôs em movimento um sistema do despojamento; este atinge finalmente o próprio homem (que se constitui em sujeito de desejo e de fala apenas pela explicitação da resistência do outro). É o homem que, finalmente, é desapossado pelo sistema, cujos produtos repetem e multiplicam a lei fixada no seu início. O universalismo anônimo da cidade, da cultura, do trabalho ou do saber gera a impossibilidade de se situar como diferente e de reintroduzir a alteridade, portanto o conflito, na linguagem. Uma agressividade difunde-se por debaixo, mas sem modificar a lei pública ou sem encontrar outra saída senão o inconsciente, a ficção literária ou as férias.

É impressionante ver se generalizar, como que engendrado por esse sistema, o temor de ser *demais*. Os pais, as crianças, os burgueses, os camponeses, os professores, os homens, as mulheres... Sob diferentes modos, a máquina ameaça de exclusão as particularidades e as diferenças. Ela excomunga os grupos e os indivíduos, colocados na posição de marginalizados, coagidos a se defender como excluídos e voltados a procurar a si próprios entre os repelidos.

Da ciência aos meios de comunicação de massa, esse sistema desencadeia uma monstruosa proliferação do intermediário, zona neutra, homogeneizada, onde se repete incansavelmente a forma de um universal abstrato que preenche sucessivamente as particularidades com as quais ela compõe sua modulação. Esse clericato anônimo ocupa pouco a pouco todo o campo social. Exaure os destinatários e os destinadores, esmagados pela mediação. Portanto, dele resulta, nas fronteiras avançadas do seu progresso, uma multiplicação dos fenômenos de fuga ou de rebelião.

Desse modo, *reproduz-se* no interior do sistema aquilo que se produz no exterior, com a assimilação dos países colonizados, com a eliminação da sua alteridade, com seu alinhamento com a lei do seu mercado.[8] Seus próprios detentores não estão protegidos disso. Estão submetidos a essa lei do despojamento que estava destinada aos outros. Presos na armadilha da sua própria maquinaria, são desapropriados de um poder do qual devem desfrutar como irresponsáveis, sem controlá-lo, pouco a pouco tomados de cansaço ou de vertigem por sua incapacidade de agir de maneira diferente que não mudando-o, explorando-o e às vezes abandonando, por sua vez, as melhores situações.

A prática do blasfemo

Os atos de violência são justamente designados como "manifestações". Eles pretendem quebrar e desmascarar a economia alienante do meio e o totalitarismo da identidade. Sob esse ponto de vista, o ultraje torna-se uma "paixão moral". Ele se faz gesto, porque as palavras foram confiscadas. O desordeiro que quebra o visor da calculadora IBM ou a porta do automóvel procede – mas exteriormente ao texto – como o escritor que trabalha na desconstrução da linguagem. A fenda que ele assinala na rede objetiva dos significados é o correspondente de um lapso na linguagem. Esse ato intercepta com um protesto um universo saturado. A repetição do anônimo cria o análogo de um "ruído" em que a palavra tem inicialmente a forma de uma fratura, de um buraco, de uma blasfêmia.

Trata-se, sem dúvida, de uma caso extremo. É possível, contudo, prever sua difusão nas sociedades ocidentais. É verdade que a situação presente desenvolve inicialmente um escapismo: as saídas em direção aos espaços livres aceleram-se, mas são espaços onde a economia do meio segue de perto os que partem, quando não os precede. Essa expansão não será ela compensada, como julga A. Moles, pela formação de conchas individuais cujas carapaças protegeriam as células automóveis, autoimóveis ou autodidáticas e cuja inflexibilidade seria proporcional ao desenvolvimento codificado das coações e dos préstimos? Esse universo não nos conduziria ao formigueiro? Por enquanto, os fatos mostram-nos antes que em toda parte a *agressão* responde ao *despojamento*.

Essa agressão tem como característica ser uma maneira de tratar a linguagem, e não a adição de alguns termos, funções ou enunciados. Político, erótico ou gratuito, o ultraje maltrata a linguagem. Ele não funda. Ele corta. É um estilo, uma maneira de falar. É a festa efêmera. Surge como o absurdo. Desencadeia o furor. Faz aflorar a cólera naqueles que se alojam num sistema de produção. Mas, depois que esse jogo da verdade reconduziu a violência à superfície de uma ordem, o que pode acontecer?

De maneira mais profunda, o ato violento assinala a irrupção de um grupo. Ele autentica o querer-existir de uma minoria que procura se constituir em um universo onde ela é excedente porque ainda não se impôs. O nascimento é indissociável de uma violência. Cada ordem, cada condição legal têm uma origem marcada de sangue, ainda que, uma vez estabelecidas, esforcem-se por fazer com que esqueçam essa origem. O que seria das nações mais reconhecidas, o que seria dos direitos do homem, dos sindicatos ou mesmo das licenças pagas sem as lutas que os tornaram possíveis? O que seria de cada língua sem os gritos e as violências que ela articula? Mas talvez estejamos em uma ordem que, após ter colocado a vida social a salvo do perigo do outro, tolera cada vez menos os nascimentos e por isso os torne mais difíceis e mais violentos.

A luta, responsável pela violência

Apesar de tudo, essa violência fica na *expressividade*. Ela reside em um discurso de protesto, ainda que seja o inverso e a ruptura do discurso universal da mediação. Ela não está desligada da impotência própria à linguagem desconectada da violência que ela nega. Em outras palavras, ela não articula uma força distinta e declarada entre outras. É um sinal. Abre possibilidades. Sob esse aspecto, é pertinente. Mas não cria. Desfaz, mas não instaura.

É preciso dizer também que o ato de violência se instala na ordem do desafio, quando não se inscreve em uma obra. É como o torneio exibicionista de outrora. Carrega a marca de um privilégio aristocrático. No fundo, esse luxo combina ainda com uma sociedade do espetáculo. Ele a irrita o bastante para excitá-la; mas não para a abalar, pois ela preserva os meios de transformar em notícias de jornal e de reabsorver, desse modo, a singularidade que se subtraía, por um instante, à sua lei. Além disso, não surpreende que o intelectual seja complacente com essa aristocracia do desafio violento. Ele encontra aí o meio de salvar, com esse avesso da linguagem que ainda é um signo, o lugar excepcional que ele inicialmente pretendia atribuir ao saber.

A verdade é que a violência indica uma mudança necessária. Nem a segurança alienante de um ordem anônima, nem o desafio da pura violência podem cumprir a tarefa que torna urgente a tautologia reinante dos objetos com os quais parece se identificar a saúde desses novos servos. Somente uma luta pode ser responsável por aquilo que a violência se contenta em exprimir e fazer dela um trabalho articulado com as forças. A desmistificação da linguagem pela violência dá acesso a uma luta política, a efetiva, e não a literária, que implica levar a sério e correr os riscos de um comprometimento com os reprimidos que defendem e promovem uma diferença. Sem dúvida o é também declarar a inutilidade de mais um documento sobre o assunto. Pelo menos, é ir ao encontro ao que escrevia já Merleau-Ponty: "O gosto pela violência, diz Weber, é uma fraqueza secreta; a exibição de nobres sentimentos é uma violência secreta...

Há uma *força*, a do verdadeiro político, que está além dessas seduções... Porque sua ação é uma `obra', o devotamento a uma coisa (*Sache*) que cresce fora dela, ela possui um poder de congraçamento que sempre falta aos empreendimentos da vaidade."[9]

Notas

1. Hegel, *Phénoménologie de l'esprit*, VI, II, I; tradução de J. Hyppolite, Aubier, 1961, vol. II, pp. 71-84.
2. Cf. Jean Baudrillard, *Pour une critique de l'économie politique du signe*, Gallimard, 1972, pp. 44-50.
3. Alexandre Passerin d'Entrèves, *La notion de l'État*, Sirey, 1967.
4. Freud, *Malaise dans la civilisation*, tradução de Ch. e J. Odier, PUF, 1971, pp. 43-48.
5. Cf. René Girard, *La violence et le sacré*, Grasset, 1972.
6. Hannah Arendt, *Du mensonge à la violence*, Calmann-Lévy, 1972, p. 192.
7. Cf. Pierre Thuillier, *Jeux et enjeux de la science*, R. Laffont, 1972, pp. 298-329; ou as publicações do SIPRI de Estocolmo (Nova York, 1971) e Robin Clarke, *La course à la mort*, Seuil, 1972.
8. Cf. Ignacy Sachs, *La découverte du tiers monde*, Flammarion, 1971.
9. Merleau-Ponty, *Les aventures de la dialectique*, Gallimard, 1955.

PARTE II
NOVOS MARGINALISMOS

5
AS UNIVERSIDADES DIANTE DA CULTURA DE MASSA

A universidade deve solucionar atualmente um problema para o qual sua tradição não a preparou: a relação entre a cultura e a massificação de seu recrutamento. A conjuntura requer que ela produza uma cultura de massa. As instituições quebram-se sob esse peso demasiadamente grande, igualmente incapazes (sejam quais forem os seus motivos) de responder à demanda que leva às suas portas o fluxo incessante dos candidatos e à dos estudantes cuja mentalidade e cujo futuro são estranhos aos objetivos presentes do ensino. Sob esse duplo choque, a universidade fragmenta-se em tendências contrárias. Umas procuram proteger-se da onda fortificando os muros pela seleção da admissão e radicalizando interiormente as "exigências" de cada disciplina por um controle mais rigoroso. Essa política do "não nos renderemos" visa defender a honra e os direitos da ciência estabelecida. Outros deixam a massa dos estudantes calcar sob os pés as guardas dos canteiros da tradição; eles se apoiam na "mistura" e na discussão para elaborar uma linguagem cultural nova. Há muito tempo essa política do diálogo, pelas incertezas e balbucios em que ela muitas vezes resulta, foi reduzida a ilhas acusadas de negligência, de ideologização e de incompetência. Os seus "produtos" são marcados e tratados convenientemente. Em um caso como no outro, são, por outro lado, os estudantes que pagam a conta, destinados ao matadouro do exame ou ao desemprego em virtude da falta de qualificação técnica.

Entre essas duas opções, entre os pontos particularmente rígidos e as vias particularmente flexíveis, existe todo um leque de soluções. Elas enriquecem a experiência e multiplicam a confusão. No conjunto, a linha dura leva a melhor entre os professores, com a aparente justificativa de que lhes chegam, de um lado, apoios precários, meios insuficientes e parcos resultados das inovações; de outro, o respeito à tradição, uma deontologia da "propriedade" profissional e a pressão da conjuntura política. Um dos professores mais moderados da Sorbonne dizia recentemente, e com razão, que a lei da orientação era atualmente aplicada como o Édito de Nantes por Luís XIV, antes de sua revogação: de modo cada vez mais tolerante para com as correntes novas que ela supostamente "reconhece" oficialmente.

Por meio das experiências multiformes da universidade em curso, os problemas tomam um caráter mais preciso – ainda que, ao mesmo tempo, as soluções tornem-se mais distantes. Não levando em conta os dados demográficos, econômicos, administrativos ou políticos (também essenciais, mas esboçados em outro lugar),[1] eles serão vistos aqui, no que tangem a uma urgência capital para a vida do país inteiro: a *ausência* e a *necessidade* de uma cultura de massa na universidade.

Da seleção à produção

Visando proporcionar um ensino de pesquisa destinada a uma população de estudantes relativamente restrita antes da generalização do primário (por volta de 1900) e do secundário (desde 1935), a universidade até há pouco tempo transmitia uma "cultura de elite", no melhor sentido do termo;[2] esse fato não possuía, em todas as faculdades, o mesmo significado social: em Direito, em Medicina ou em Farmácia, a seleção cultural favorecia mais a defesa de privilégios socioprofissionais do que no caso de Letras e Ciências. Porém, sob registros diferentes, a cultura permanecia o meio graças ao qual uma sociedade fortemente hierarquizada mantinha um código de critérios definidos e assegurava sua homogeneidade com base em uma elite relativamente estável; ela era, portanto, o resultado da raridade.

O impulso demográfico, a gratuidade do secundário e, consequentemente, o aumento dos bacharéis, enfim a elevação do nível de vida que acarretou uma demanda crescente de participação cultural, de promoção social e, pois, do ensino superior triplicou em poucos anos o número de estudantes: de 1960 à entrada prevista para 1970, ele passa de 215 mil a 736 mil. Mediante esse aumento quantitativo, é preciso identificar seu significado *qualitativo*. Com efeito, para responder à nova situação, não basta multiplicar as faculdades e os *campi*, ampliar os anfiteatros, aumentar o corpo docente ou reformar uma administração arcaica e inadequada às necessidades do maior empreendimento nacional. A entrada maciça das classes médias para a universidade coloca um problema inteiramente diferente.

A relação da cultura com a sociedade modificou-se: a cultura não está mais *reservada* a um grupo social; ela não mais constitui uma propriedade particular de certas *especialidades* profissionais (docentes, profissionais liberais); ela não é mais *estável* e definida por um código aceito por todos.

René Kaës resumiu perfeitamente o problema quando, referindo-se aos operários, apontou, no fim de um questionário sobre a cultura, "sua expectativa de uma escola que constitua um *lugar de encontro e de aprendizagem da vida social*, microcosmo e prefiguração da sociedade da idade adulta e *lugar de preparação prática e teórica para a vida cotidiana*, em particular a do *trabalho*... A maioria dos operários vai em busca daquilo que lhes parece mais urgente: garantir a mobilidade e a facilidade nas relações sociais, sair da indiferenciação e da intercambiabilidade profissional".[3] Essa expectativa é frustrada; também um desses trabalhadores chegou a definir a cultura como um bem proibido por um interdito, "um tesouro rodeado por uma coroa de espinhos". As relações das comissões de recrutamento de professores mostram que, na universidade, ela se define por um "gosto", por uma "familiaridade", por um sistema de alusões a uma sensibilidade, em suma pelo *não dito* próprio a um grupo e, por isso, proibido aos outros.[4]

Com outros termos, as dezenas de milhares de estudantes partilham hoje desse sentimento. Submetidos a grades intelectuais que não lhes parecem organizadas nem em função de suas questões, nem em função do seu futuro, não percebem mais, no ensino que lhes é "dado", seu valor de *instrumentalidade* cultural e social. Muitas vezes resta-lhes apenas um muro a transpor, um obstáculo a superar, uma condição imposta, para chegar às profissões que se encontram do outro lado. Sob esse ponto de vista, a universidade faz o papel de polícia, seja criada por "bombas" ao mesmo tempo que por predestinados. Ela cede à pressão de todas as ambições – das mais elevadas às mais utilitárias – e, por não estar adaptada a essas finalidades, contenta-se em escolher os critérios que lhes são próprios. Quanto menos *operacional* com relação a expectativas socioculturais, mais ela se torna *discriminatória*, transformando em gargalo a passagem entre o presente e o futuro dos jovens. Na medida em que ela se revela incapaz de constituir um laboratório que produz uma cultura de massa ao proporcionar métodos a questões e a necessidades, transforma-se em filtro que opõe uma "disciplina" às pressões.

A própria seleção muda de sentido. Até pouco tempo atrás, ela traduzia um estado de fato, a saber, a relação da sociedade com a universidade que recebia somente uma elite. Hoje, a universidade massificada vê-se afligida pelo papel de criar em si mesma uma discriminação, e a cultura elaborada no passado pelo trabalho de uma minoria *torna-se* o instrumento de um desempate a ser operado nas massas estudantes.

É, portanto, particularmente urgente tudo que possa devolver à universidade seu papel propriamente intelectual – um papel que, paradoxalmente, ela deixa escapar, ao qual ela até mesmo renuncia, quando se recusa a colocá-lo sob sua forma atual, isto é, em termos de massa, e quando ela não leva a sério, com seu recrutamento real, a nova tarefa que lhe está, assim, destinada na nação.

Sob um aspecto individual, esse problema pode ser colocado sob o signo daquilo a que os movimentos estudantis norte-americanos chamam *relevance* (ou "pertinência") do ensino. "Esse termo designa o fato de os estudos estarem ligados àquele que estuda, não por uma relação de utilidade, mas de significação. Estudos `relevantes' são aqueles que apresentam um interesse, um significado, que estão ligados, relacionados com aqueles que os fazem, e isso de modo aparente, manifesto, evidente. Diante de seus estudos, os estudantes se perguntam: qual é o sentido disso? O que eles significam? O que dizem?"[5] O mesmo ocorre com uma grande maioria dos estudantes franceses quando, sob o nome de seleção, recusam na realidade a falta de sentido de um ensino alheio à experiência e cuja elucidação ele deveria permitir, longe das preocupações que dele esperam instrumentos de análise, e tão mal adaptado às capacidades que ele poderia apontar e especificar na linguagem da comunicação social. A cultura não é apenas absurda quando cessa de ser a linguagem – o produto, a ferramenta e a regulamentação – daqueles que a falam; quando volta contra eles a arma de uma discriminação social e a navalha destinada a um desempate; quando a operação cirúrgica (fazer a triagem e *selecionar*) diz respeito à produção cultural ("ensinar a aprender").

Em suma, a massificação do recrutamento universitário indica à cultura sua própria definição ao remeter o *saber* estabelecido a uma *prática* do pensamento, e os *objetos* conceituais que ela veicula aos *sujeitos* que as produzem.[6]

Um corte: A pesquisa científica e a massificação do recrutamento

Necessário, será esse trabalho possível? De qualquer modo, não poderia ser recortado segundo as normas preestabelecidas que regeram toda a formação dos professores atuais e que os levam muitas vezes, atualmente, a manter seu próprio modelo sob o nome de "cultura" (o que ela foi, mas não é mais), ao visar somente à formação de outros universitários, segundo o sistema que erege a reprodução do mesmo em lei e quer que o semelhante, indefinidamente, gere o semelhante.

Seria insensato caracterizar por esse malthusianismo cultural e por esse fixismo nostálgico as pesquisas em curso. Elas representam milhares de experiências que, infelizmente, é impossível avaliar aqui. Mas um caso particularmente interessante fará com que se perceba melhor tanto a natureza das dificuldades encontradas quanto a do problema.

Para formar as 13 universidades parisienses constituídas pela resolução de 21 de março de 1970,[7] fizeram-se reagrupamentos de professores e disciplinas: as simpatias políticas e as semelhanças de reações diante da "crise" foram, aliás, muitas vezes tão determinantes quanto a consideração dos estudos e a organização dos estudantes. Por um lado, a distribuição e as combinações de unidades resultam em um "jogo de cartas" – dizia um professor –, jogo de pessoas importantes, cujas "cartas" são as massas estudantis. Dessas unidades ainda muito abstratas, recortadas nas altas esferas de Paris, mas desprovidas de lugares próprios e combinadas independentemente de uma "clientela", cujo impacto será especificado mais adiante, uma das mais interessantes é Paris-VII. Fazem parte dela os Chus (centros residenciais universitários) mais "abertos"[8] e, por outro lado, segundo *Le Monde*, "encontra-se aí um grande número de docentes progressistas que não quiseram aderir a universidades consideradas `reacionárias' (Paris-IV e Paris-VI, principalmente)".[9]

Uma universidade deve ser criada; seu curso, definido; a admissão de 1970 e a orientação dos estudantes, previstas; as estruturas, definidas, e as eleições para a assembleia constituinte da universidade, preparadas. Uma publicação já feita em milhares de exemplares esforça-se por acompanhar e colocar em circulação projetos e dados: *Paris-VII – Informações*. Até a presente data, em Paris-VII surgem os problemas nascidos de uma certa unanimidade na procura de fórmulas novas, sobretudo onde se trata de articular entre si as disciplinas propostas e associar a teoria à prática.

Inicialmente, a seleção aparece aí como o preço da pesquisa. As inovações são permitidas pelo fato de que Paris-VII está destinada a ser uma universidade "leve", pouco numerosa em relação às outras. Elas implicam, portanto, uma exploração da *raridade*. A hipótese inicial, atualmente abandonada, era até mesmo prever apenas C2 (exercício técnico apropriado para o ano de mestrado e destinado a assegurar que o estudante se iniciou em uma especialidade científica). Será exigida uma especialização maior. O recrutamento será limitado; os horários dos cursos, mais pesados. Os projetos mais novos supõem, na verdade, uma participação mais técnica. Eles elevam o nível ao diminuir em número. Fazem com que a universidade mais original se volte para uma seleção mais severa e levam-na a se organizar à maneira de uma Grande Escola. Por conseguinte, o jardim multidisciplinar, podado na floresta virgem universitária, manifesta uma terrível *contradição entre a pesquisa e a massificação*, como se a primeira somente fosse possível graças à constituição de uma elite entre os estudantes, isto é, por uma hiperseleção. Ao contrário, a massificação parece acarretar, onde é aceita (em outras universidades), um retorno às fórmulas autoritárias e às cortes magistrais e implicar disciplinas cuja forma e cujo conteúdo, decididamente mais "clássicos", destinam os estudantes ao silêncio.

Por outro lado, na própria Paris-VII, a margem das pesquisas está limitada pelo fato de que é preciso resguardar as passagens entre universidades e a identidade de níveis ou de diplomas entre elas. A totalidade das universidades que constituem um sistema demasiadamente homogêneo e unitário, as variantes permitidas a cada uma delas são restritas. Como lembrou um dos responsáveis, as inovações não devem comprometer a difícil operação de distribuição dos estudantes entre as universidades parisienses na entrada de 1970 e, portanto, a possibilidade de "deslocar" a população estudantil segundo as capacidades de cada unidade. Isto quer dizer que na própria ordem da pesquisa há malthusianismo: a exigência de uniformidade paralisa as iniciativas.

Essa contradição entre inovações científicas e massificação do recrutamento é, em cada UER,[10] e até em cada seminário, vivenciada atualmente por qualquer docente. A nosso ver, ela exigiria uma solução que, situada no cruzamento da pedagogia e da investigação técnica, pudesse *inserir a pesquisa na própria vulgarização*. Em outras palavras, seria preciso que a inovação técnica fosse proporcional à relação pedagógica; que o trabalho interno ao discurso científico tivesse por modalidade o trabalho escolar; que a vulgarização no nível "elementar" dos primeiros ciclos deixasse de ser o contrário da pesquisa ou somente sua "aplicação", para se tornar o próprio terreno da experimentação científica e a forma de suas questões.

Conhecem-se êxitos nesse terreno do cruzamento entre a inovação interdisciplinar e a pedagogia no primeiro ciclo: por exemplo, os trabalhos dirigidos por J. Dubois e J. Sumpf sobre as renovações dos métodos pedagógicos graças à linguística,[11] as aplicações das pesquisas à leitura dinâmica no ensino universitário, as pesquisas do centro de "ciências da educação" em Vincennes, as análises sobre história apresentadas pelos manuais...[12]

Mas não pode haver resultados quando o problema é visto apenas como de disciplinas e somente afeto aos mestres. Portanto, só resta buscar a flexibilidade máxima para os projetos elaborados por comissões docentes, para admitir o maior número possível de estudantes. Na realidade, demasiadamente extensos, esses projetos retornam à sua forma primitiva. E os mestres dividem-se hoje segundo essa separação entre a pesquisa, que os leva a deixar a docência, e a docência que os obriga a renunciar à pesquisa. Alternativa dramática e que pressupõe sempre o ponto fixo de uma ciência estabelecida que se *mantém* ou se negligencia.

A quantidade, fonte de heterogeneidade

É possível partir do outro termo da relação pedagógica e considerar a questão sob a forma da dificuldade em torno da qual gravitam todos os projetos de *cursus* escolar, sobretudo naquilo que concerne ao primeiro ciclo: a heterogeneidade cultural dos estudantes. Defrontamo-nos, nesse caso, com um outro aspecto da alternativa: ou circunscrever autoritariamente uma disciplina para defendê-la contra a "secundarização" do ensino, com regras de controle estritamente definidas em função desse terreno "próprio" (isto é, alheio ao estudante), ou promover um livre trabalho do grupo afastando-se a possibilidade de sustentar ou controlar a maneira como os participantes (demasiadamente numerosos para serem acompanhados individualmente) recebem sugestões ou informações dadas no correr do intercâmbio. Mas é preciso analisar o fato mais detalhadamente.

Antes, uma homogeneidade relativa caracterizava os ouvintes de um curso ou os membros de um seminário. O fato se devia a uma fraca porosidade entre as classes sociais, a uma compartimentalização profissional bastante rígida (e ligada à das faculdades) e ao peneiramento operado na triagem dos candidatos a universidades que estavam elas próprias inseridas na continuidade dos estudos secundários, já rigorosos e dispostos segundo as funções públicas.[13]

Essa época terminou. Uma enorme heterogeneidade reina entre os estudantes, em virtude de suas origens familiares, seus meios sociais, suas leituras e suas experiências culturais. O fenômeno acentua-se com a participação de adultos e de trabalhadores (em certos seminários de pedagogia, de psicologia ou de sociologia, a média de idade elevou-se a 30 ou 35 anos). A polivalência da sociedade penetra nas escolas, apesar das barreiras ou apesar dos hábitos tricentenários, e é o mar da cultura de massa que inunda os pântanos universitários.

Por si mesmo novo e prometedor, esse fato apresenta características fundamentais, muitas vezes mal analisadas. Assim, o uso da língua não é comum. Ainda que um dialeto e um estilo se instaurem no *campus*, com um vocabulário e uma sintaxe próprios, a *relação com a língua* não é homogênea (variando conforme o falar seja um referente ou o elemento de um trabalho) e tampouco o tipo de seu funcionamento.[14]

De modo mais visível, produz-se igualmente aquilo a que chamarei uma *metaforização da língua*. Assim como a racionalização dos meios de comunicação de massa tem como contraponto uma incerteza crescente no uso individual que se faz da língua corrente e do sentido que lhe é dado pelos receptores (o filme é o *mesmo* para seu público parisiense, rodesiano ou camaronês?), também aos temas mais difundidos e aos elementos mais objetivos da língua estudantil é muitas vezes impossível atribuir um sentido estabelecido: eles adquirem uma função metafórica, um *segundo sentido variável* que, no entanto, é o real e depende de um uso "interno", à maneira como a língua dos colonizadores era apreendida pelos colonizados, em um outro registo, com significações irônicas ou distorcidas.

Expressão dessa mutação de línguas estáveis em "maneiras de falar" de outra coisa, o discurso político *pode* assim designar, por meio de juízos acerca da sociedade, uma situação objetiva no interior de uma universidade,[15] ou então, por uma apologia da ação, o contrário da ação, isto é, a impossibilidade de agir na qual as estruturas universitárias mantêm os estudantes, ou ainda, por aparente exílio fora dos problemas escolares, uma nova busca de sentido com relação aos estudos etc. O docente deve desconfiar das palavras inclusive na medida em que deseja tomá-las a sério. Ele não pode contar com elas, nem pressupor que seu sentido seja unívoco, fixado por um código acadêmico.

Outro exemplo, a cultura estudantil torna-se *caleidoscópica*.[16] É uma charada. Não pobre, mas anômica, nisso ela é a imagem ampliada do ensino estabelecido e da relação real que existe entre os cursos e as disciplinas. Sob esse aspecto, ela é reveladora da universidade, desse antigo "cosmos", hoje desmantelado e fragmentado em pesquisas dispersas entre as quais o estudante circula. E se o docente vem de uma posição estabelecida (sua especialidade) para vislumbrar uma ampliação em outros setores da pesquisa, não ocorre o mesmo com os estudantes que entram nesse campo multiforme sem lhe conhecer as preliminares, sem referências básicas e com inúmeras curiosidades solicitadas ainda pela expansão de todos os azimutes da pesquisa ou pelas exigências incoerentes dos professores. Sob esse ponto de vista, o ensino universitário acrescenta seu efeito próprio à multiplicidade das informações e das imagens que a cultura de massa veicula. Ele não as organiza; ele se acrescenta a elas. Ele não diz a última palavra sobre a cultura de massa; ele tem a mesma forma que ela.

A cultura do estudante do primeiro ciclo, portanto, é muitas vezes uma acumulação e uma miscelânea. Ela procede por "colagens" e por justaposições, ainda que, no interior de cada especialidade, ao modo de uma iniciação que apresenta paradoxalmente (e abstratamente) a disciplina sob a sua forma mais rígida (e, enfim, a menos científica), o discurso universitário separe cuidadosamente "livros básicos" e "livros de vulgarização", classifique minuciosamente as referências segundo seu "valor" em uma gradação particular do docente, situe-se ele próprio graças a uma diferenciação entre o "puro" e o "impuro", distinguindo-se, assim, por oposição a toda vulgarização. Também o docente é presa de espanto, diante de uma aberração quase ultrajante, quando o estudante associa à melhor "obra básica" a "pior" das vulgarizações, sem que pareça ter a percepção de uma diferença de níveis entre elas.

Esse nivelamento desafia a hierarquização característica das referências universitárias.

Ele traduz, no entanto, a coexistência de fato, no estudante, das orientações vindas do professor e das solicitações publicitárias. Corresponde ao espaço cultural onde o livro acadêmico está lado a lado com as coleções de bolso. Ele exprime uma cultura de massa que define uma superfície, e não uma hierarquização, e que combina ofertas, curiosidades e impressões. Ele trai também o que *faz* o professor, ainda que ele não o *diga*, quando a informação jornalística ou as lendas sobre os "desordeiros" modificam sua opinião sobre a sua própria ciência e transformam suas reações diante de seus estudantes. Sob esse ponto de vista, a própria algazarra remete também a uma anomia cultural do estudante[17] e manifesta o que o mestre não revela senão por suas recusas ou por seu silêncio.

A produção cultural

O docente engana-se, portanto, quando coloca a coragem intelectual na urgência de *manter* um discurso próprio. Corre o risco, com isso, de não se fazer ouvir e de fracassar igualmente na sua principal tarefa, ao mesmo tempo pedagógica e científica. Não se faz ouvir porque, crendo falar em nome de um saber "superior" (por suas origens e suas referências), entra, *na realidade*, em um sistema acumulativo onde sua afirmação não pode ter o sentido que ele lhe dá. Por conseguinte, se o escutam (mas não o "ouvem"), é porque ele é inevitável e necessário, como guardião da porta do exame e de tudo que se acha atrás dela. Mas, coagidos a se submeterem às suas condições, seus ouvintes sabem também da inutilidade de uma discussão com ele. Em muitas universidades, constata-se, com efeito, que os estudantes parecem desistir de falar. Seu silêncio espalha-se. Para que falar, se não nos ouvimos mais? E, por conseguinte, o que resta, nas unidades de ensino, senão a resignação desgostosa ou a violência cujas formas e justificativas a maioria dos estudantes desaprova, mas reconhece a que se devem?

Sobretudo, por sua tática de "coragem" e por sua vontade de manter os valores patenteados pela academia (e por sua própria formação), o docente coloca-se na situação de não compreender nem a forma que toma a expressão do sentido nesse contexto nem a exigência que ela comporta.

Com efeito, muitas vezes, com os materiais de sua cultura, o estudante procede por colagens, como aliás se faz uma "bricolagem"* individual de vários registros sonoros ou uma combinação de pinturas "nobres" com imagens publicitárias. A criatividade é o ato de reempregar e associar materiais heterogêneos. O sentido prende-se à significação que esse reemprego lhes confere. Esse sentido nada diz por si mesmo; ele elimina todo valor "sagrado" de que seria dotado um signo em particular; implica a rejeição de todo objeto tido como "nobre" ou permanente.[18] Afirma-se assim, por conseguinte, com pudor, até mesmo quando toma a forma do ultraje. O material universitário não poderia ser privilegiado pelo simples fato de que vem de um grau universitário, de uma "boa tese" ou da longa duração de uma pesquisa.

O que se torna crucial é o *ato* cultural próprio à "colagem", a invenção de formas e de combinações e os procedimentos que tornam capazes de multiplicar as composições. Ato *técnico* por excelência. A atenção não se dirige, pois, para as práticas. Não nos surpreenderemos ao ver o interesse dos estudantes passar dos *produtos* da pesquisa aos *métodos de produção*. Sob esse ponto de vista, esse interesse é semelhante

---

* *Bricolage:* termo usado principalmente na antropologia (c. Levy -Strauss). Trabalho cuja técnica é improvisada, adaptada aos materiais e às circunstâncias. (N.T.)

àquele encontrado entre os científicos e os literários. Mas ele se frustra na medida em que o docente passa o tempo (mata o tempo) *expondo* seus *resultados*, e não explicando, no curso de uma prática coletiva, *como* eles são obtidos, o que apaixonaria seus alunos.

É verdade que isso é submeter suas pesquisas à crítica, em uma relação análoga àquela que ele mantém com os "colegas". Mas, com isso, ele não impede o futuro dos produtos obtidos; ele o abre. Além disso, ele não responde somente a uma exigência que diz respeito essencialmente aos métodos e a uma tarefa pedagógica proporcional à multiplicidade das criações de que é suscetível um material cultural, hoje em dia quase infinito; em suma, ele não apenas se adapta à questão "que fazer diante de tudo isso?"; ele se situa exatamente onde se colocam as pesquisas mais decisivas, onde se elaboram novas *práticas* científicas (literárias, sociológicas, psicológicas etc.), onde elas podem ser verificadas, criticadas e comparadas, como faz, por exemplo, a historiografia quando descobre a lacuna do campesinato na nossa história e tenta descobrir outras *técnicas* de análise diferentes daquelas de que os intelectuais foram os inventores e beneficiários, ao privilegiar o documento literário ou escrito. Ele se acha no terreno da pesquisa, ao mesmo tempo que no dos seus estudantes.

Essa coincidência (será mesmo isso?) apresenta a possibilidade de casar uma pedagogia afinada com a massificação da universidade com as exigências da pesquisa científica. Nessa linha, o ensino teria por princípio menos um conteúdo comum do que um estilo. Não seria incompatível com a heterogeneidade dos conhecimentos e das experiências entre estudantes (como entre estudantes e docentes), uma vez que seria, a cada vez, definido por uma *atividade* na qual o professor seria o engenheiro-consultor e pela focalização de métodos que delineiam possibilidades técnicas por meio da cultura de massa.

Essa perspectiva está legitimamente aberta pela noção de TP (trabalhos práticos) e, na realidade, por muitos seminários – quando os TP não consistem apenas em exposições ou aplicações de saberes estabelecidos, mas na aprendizagem de métodos, uma prática de textos, a experiência de produções culturais e de "maneiras de proceder". Sendo assim, o operário que participa de um estudo sobre a história das políticas sindicais pode, em nome de sua própria experiência de militante, colaborar no trabalho do grupo que *faz* história, comparar o discurso que se lhe apresentou no seu sindicato com a maneira como é produzido cientificamente na historiografia e encontrar aí, com seus colegas de equipe, estudantes ou trabalhadores, uma técnica de reflexão sobre a sociedade ou sobre suas próprias opções.

Com isso, a escola-lazer (*scholè* significa lazer) torna-se um trabalho necessário em uma cultura tecnicista. Ela semeia um ato produtor de significações e um meio de se orientar no centro da exposição luxuosa de uma civilização que parece colocar seus clientes na posição de espectadores e de consumidores (posição a longo prazo insustentável) e torná-los tanto mais passivos quanto mais empanturrados de informações.[19]

A autonomia: Um engodo

Uma convicção e quase um reflexo tipicamente universitário barra a comunicação com o mundo do trabalho: a da *autonomia* enraizada na tradição de um *corpo* universitário. Ela se traduz em instituições e em privilégios assim como em concepções epistemológicas: ela cria barreiras e "distinções". Explica sem dúvida também, em grande parte, o desenvolvimento atrofiado dos IUTs (Instituts universitaires de tecnologie),[20] cujo recrutamento representa esse ano [1973] 20% dos estudantes (33 mil em IUTs contra 633 mil), enquanto seus correspondentes norte-americanos (os *Community colleges*) reagrupam um terço dos estudantes (447 mil em CCs, contra 992 mil nos *colleges* tradicionais [de universidades]. O que está em questão não é somente um descrédito da cultura profissional com relação à cultura universitária, ou a força dos preconceitos sociais, ou a insuficiência dos créditos concedidos aos IUTs, mas a vontade tácita ou explícita de *preservar* a evolução *autônoma* de um ensino universitário e situar fora dos sistemas de produção o empreendimento dito desinteressado que desperdiça os homens, as forças e o dinheiro para salvaguardar a cultura dos privilegiados. A produção cultural não é possível em um sistema que, em nome da autonomia, coloca-se à margem das leis econômicas e sociais de uma promoção nacional.

Essa estrutura é apenas uma ficção. No que diz respeito aos problemas políticos, P. Ricoeur enfatizou-os veementemente antes da sua saída [do posto de deão na universidade] de Nanterre e na sua carta de demissão. Os problemas fundamentais da universidade dizem respeito ao país inteiro, e tanto quanto ela "não pode ser reformada em uma sociedade que recusa a sê-lo",[21] não se poderia "atribuir às autoridades universitárias a responsabilidade de solucionar, pelo recurso da força, um problema que o Estado se reconhece incapaz de esclarecer por meios propriamente políticos".[22] Inversamente, a universidade não pode mais se julgar autônoma. A universidade é um lugar onde se exercem forças políticas, mas não constitui uma entre elas. Por que, então, conservar a ficção jurídica que data da época em que o país era constituído de um conjunto de "corporações", sendo que hoje ela não protege mais, nem mesmo os universitários, contra as intervenções de qualquer espécie e cujo único efeito é justificar as inflexibilidades intelectuais, encorajar a negação de uma situação nova e facilitar os álibis universitários ou políticos?

O mesmo ocorre sob o ponto de vista cultural, como vimos. Mas seria preciso, se o assunto não fosse particularmente complexo e delicado, ver sob a mesma perspectiva os "privilégios" universitários que permitem ao professor deixar sua cátedra, escolher individualmente seus itinerários nos territórios móveis das UERs ou proceder aos recortes que os estudantes (isto é, a nação de amanhã) deverão aceitar. Aí também esse poder é em parte fictício, uma vez que de um lado está submetido a pressões externas (e, consequentemente, a forças que não se mostram sob seu verdadeiro aspecto) e, de outro, está ligado à irresponsabilidade de seus beneficiários perante a nação. O que censura nesses privilégios não é o fato de existirem, mas de serem máscaras ou de se tornarem o instrumento de reações, de não serem críticos e de promoverem relações de força ao fazê-las passar por afirmações razoáveis.[23]

Banhando-se ela também na cultura de massa, a universidade encontra-se em uma posição onde é igualmente necessário ao ensino ser um *ato de produção* e ao estudante, um *trabalhador*. Como mostrou E. Bloch-Lainé, isso somente se torna possível quando, associada ao mundo do trabalho, a universidade pode receber mais operários e os estudantes podem participar mais, em meio período, por exemplo, das tarefas e responsabilidades do trabalho profissional.[24] Uma hipótese semelhante acrescenta a reivindicação mais fundamental de maio de 1968: o desaparecimento da categoria *isolada* do estudante ou do professor (distinta daquela do "trabalhador"), com vistas a uma homogeneização no trabalho. O que requer a introdução da cultura de massa na universidade é o nascimento do trabalhador estudante e do trabalhador docente, a abolição da divisão social do trabalho. "É preciso, pois, que cada docente admita por si mesmo a necessidade de ir buscar seu saber *alhures* e que, para isso, faça *algo diferente*.[25]

Notas

1. Cf. Michel de Certeau e Dominique Julia, "La misère de l'université", em *Études*, abril de 1970, pp. 522-544.
2. Cf. Antoine Prost, *L'enseignement en France, 1800-1967*, A. Colin, 1968.
3. René Kaës, *Images de la culture chez les ouvriers français*, Cujas, 1968, p. 156. Grifos do autor.
4. Cf. a notável análise de J. Dubois e J. Sumpf, "Analyse linguistique des rapports d'agrégation et du Capes", em *Langue française*, n. 5, fevereiro de 1970, pp. 27-44.
5. Antoine Prost, "De quelques problèmes universitaires en France et aux États-Unis", em *Esprit*, fevereiro de 1970, pp. 286-302.
6. Sob esse ponto de vista, é preciso reconhecer o alcance pedagógico e universitário da importância adquirida atualmente pelos problemas de *método*. O *sentido* não pode ser hoje separado de uma *prática* nem os conhecimentos de uma referência aos sujeitos que conhecem. Era esse já, por exemplo, o significado que Freud dava à introdução da psicanálise no ensino da medicina; cf. "On the teaching of psycho-analyse in universities", na *Standard Edition*, vol.13, pp. 171-173.
7. *Bulletin officiel de l'*Éducation nationale, 26 de março de 1970, pp. 1094-1103.
8. Provisoriamente, talvez, dado que em seguida a uma petição dirigida a G. Pompidou (que acompanha de perto o problema da formação em medicina) é possível que os CHUs recebam um estatuto autônomo.
9. *Le Monde*, 22-23 de março de 1970, p. 15.
10. Essa sigla designava as unidades de ensino e de pesquisa, definidas com relação a uma ou mais disciplinas (L.G.).
11. "Linguistique et pédagogie", em *Langue française*, n. 5, fevereiro de 1970.
12. Cf. Claude Philipe, *Note d'information concernant un cours de développement de la capacité de lecture donné à l'Institut universitaire de technologie de Montpellier*, junho de 1968; E.H. Dance, *La place de l'histoire...*, A. Colin (col. "L'éducation en Europe"), 1969; F. Lusset, "Une expérience de pédagogie vécue" (em Nanterre), em *Allemagne d'aujourd'hui*, número especial, 1970 etc.
13. Citemos apenas, como sintomática, a reflexão do duque de Broglie, retomada por Montalembert, em seu discurso de 17 de janeiro de

1850, na Assembléia Legislativa: "O diploma de bacharel é uma letra de câmbio subscrita pela sociedade e que deve ser, mais cedo ou mais tarde, paga em funções públicas. Se ela não é paga no prazo, temos essa ordem de prisão a que chamamos uma revolução" (Montalembert, *Oeuvres*, Paris, Lecoffre, 1860, t. III, p. 340.

14. Pudemos distinguir os casos extremos do trabalhador "manual", para quem a língua é um instrumento de expressão, um sinal, até mesmo um meio de adquirir uma melhor colocação e, por outro lado, do trabalhador "intelectual", que faz da língua seu meio e o material de seu trabalho. Entre esses extremos, há toda uma série de posições. O importante aqui é que a *relação com a língua* e, se assim desejarmos, a instrumentalidade da língua são questionadas e que não se pode confiar em sua homogeneidade no interior da unidade escolar nem também no conjunto da sociedade.

15. Cf., por exemplo, a análise de Yvette Delsaut, "Les opinions politiques dans le système des attitudes: Les étudiants en lettres et la politique", em *Revue française de sociologie*, t. XI, 1970, pp. 45-64. Isso não significa, como parece crer a autora, que não se deva levar a sério esses discursos políticos: por uma outra espécie de ilusão, ela supõe que, por haver outros sentidos, o discurso não tem mais aquilo que afirma. Essa simplificação pretende, sob o pretexto de psicologismo ou de sociologismo, suprimir a ambiguidade e a heterogeneidade culturais.

16. Cf. F. Bourricaud, "Le kaléidoscope universitaire", em *Projet*, setembro de 1968, pp. 920-935.

17. Em seu "Chahut traditionnel et chahut anomique dans l'enseignement du second degré" (*Revue française de sociologie*, t. VIII, número especial, 1967, pp. 17-33), Jean Testanière mostra como o surgimento de uma nova forma de algazarra está ligado à mobilidade e à diversificação sociais da clientela escolar. Quanto a essa relação entre o alargamento dessa clientela e a diminuição da sua capacidade de integração ao sistema pedagógico tradicional, é preciso apontar também o alcance e as manifestações culturais.

18. Alfred Willener analisa diversas formas desse fenômeno, em *L'image-action de la société ou la politisation culturelle*, Seuil, 1970.

19. Quanto a isso, é preciso assinalar a que ponto é intolerável a cultura que associa a incapacidade de agir com a acumulação do saber. Estudos sobre o ensino primário mostraram o que havia de traumático para as crianças: uma melhor informação sobre as desgraças da Biafra ou a da guerra do Vietnã, quando acompanhada de uma desmistificação das formas de ajuda que, anteriormente, proporcionavam as *atividades* aos *conhecimentos*. Lembram-nos

do estudante de Lille que perguntava, à véspera do dia em que se queimou com gasolina: "É possível ainda pensar em uma ação?". A pergunta é universal. A violência é mais seu sintoma do que resposta.

20. Sobre os IUTs, problema capital, pode-se ler os primeiros estudos que lhe foram consagrados depois de sua criação (7 de janeiro de 1966): R. Guillemoteau e G. Salesse, "Les instituts universitaires de tecnologie", em *Éducation* (Sevpen), n. 8, 7 de novembro de 1968; A. Leblond, "La place des IUT dans l'enseignement supérieur", em *Avenirs*, n. 189, dezembro de 1967; F. Russo, "Les IUT", em *Études*, julho-agosto de 1967; *Le Monde*, 18 de março de 1970 etc.

21. Cf. M. de Certeau e D. Julia, *op. cit.*, p. 525.

22. P. Ricoeur, Carta de demissão, publicada em *Le Monde*, 18 de março de 1970.

23. Cf. quanto a esse assunto as análises de P. Bourdieu e J.-C Passeron, *La reproduction*, Minuit, 1970.

24. E. Bloch-Lainé, "Bâtir des utopies concrètes", em *Projet*, maio de 1970, p. 513.

25. J. Julliard, "Sauver l'université", em *Le Nouvel Observateur*, 4-10 de maio de 1970.

6
A CULTURA E A ESCOLA

O conteúdo do ensino e a relação pedagógica

As resistências encontradas pelo relatório Rouchette[1] sobre o ensino do francês manifestam já, por sua extrema veemência, que a mudança do conteúdo pode questionar uma organização da escola e da cultura. Desse modo, quando substitui uma justificativa historicizante do francês por uma descrição de sua coerência sincrônica, o relatório desestrutura e reestrutura uma relação com a língua materna. O mesmo ocorre em outros campos. Em uma aula no liceu, substituir Racine por Brecht é modificar a relação do ensino com uma tradição autorizada, aceita entre nós, ligada aos ancestrais e aos valores "nobres"; é também introduzir uma problemática política contrária ao modelo cultural que estabelecia o mestre (-escola) em *manuducteur** na expressão popular.

---

* *Manuducteur* não tem correspondente em português. Seu sentido é "aquele que leva pela mão", tal como o significado original de "pedagogo". (N.T.)

123

Dois ou três casos mostram perfeitamente as implicações socioculturais de mudanças no conteúdo do ensino. O primeiro é o mito da unidade original, associada à pureza da língua: o *bom* francês estaria gravado nos livros de outrora. A unidade é o tesouro encerrado no passado e no escrito, do qual os mestres são os guardiães. O plano Rouchette quebra essas Tábuas da Lei (nisso ele não é o primeiro) por um retorno ao "exercício livre da língua". Mas é preciso ir mais longe. Atualmente, o francês é falado no Canadá, na Bélgica, na Argélia, no Marrocos, na África negra, no Líbano etc. Há muitas línguas francesas, e não mais uma única. Esse presente deve fazer parte do ensino, se quisermos fazer uma análise adequada à experiência linguística da comunicação. Até mesmo na França, cada escola é já o lugar de intercâmbios entre estrangeiros que falam diferentes formas de francês, mas esses intercâmbios não possuem instrumentos técnicos para explicitá-los: o ensino rejeita as diferenças e "reconhece" apenas um dos falares franceses. Os outros são apenas bastardos, sem posição social e sem legalidade científica.

    Temos aqui, portanto, a ingerência de uma norma sociopolítica contrária ao rigor da descrição científica. Efetuou-se uma seleção abusiva. O francês do mestre parece sempre visar à preservação do fetiche de uma língua unitária, passadista e chauvinista, a dos autores "aceitos", a de uma categoria social, a de uma região privilegiada. Essa língua dos mestres nega a realidade. Com efeito, ela não corresponde nem ao francês tal como é falado na França, nem ao que se fala em outros lugares. A salvaguarda da "pureza" prevalece sobre a preocupação com o intercâmbio. A educação que impõe um francês padrão coloca um obstáculo à iniciação cultural às diferenças entre falantes do francês. Ela simultaneamente desenvolveu, acredito, uma alergia à diversidade interna entre eles e uma indiferença com relação às línguas estrangeiras.

É evidente que mudar o conteúdo, sair desse francês congelado nos livros, propriedade de uma camada social, prisioneiro do Hexágono, é tocar em um aspecto fundamental da cultura, insinuar um outro comportamento cultural. Na verdade, é aceitar a explosão da língua em sistemas diversificados mas articulados; pensar o francês *no plural*; introduzir a relação com o outro (falante de francês ou estrangeiro) como condição necessária da aprendizagem e do intercâmbio linguísticos; substituir a multiplicidade das práticas atuais à preservação de uma origem legislativa na qual as gramáticas exerceriam a magistratura.

Um problema próximo diz respeito também ao conteúdo: é o lugar relativo atribuído ao *escrito* e ao *oral*. Uma relação entre eles é postulada pela importância que o ensino dá à ortografia. Sob um ponto de vista cultural, privilegiar a ortografia é privilegiar o passado.

Com a ortografia, triunfa a etimologia, isto é, as origens e a história do vocábulo. Ela prevalece sobre a língua tal como é falada. A ortografia é uma ortodoxia do passado. Ela impõe-se pelo ditado, porta estreita e obrigatória da cultura, no sistema que faz da escrita a própria lei. Quando uma língua natural é fundamentalmente um código falado, é o código escrito que reina. Desse modo, em todo lugar foi implantado o dicionário, arco do triunfo do francês escrito e passado, o dos "autores" do passado: um "monumento aos mortos" da língua instalou-se em cada carteira escolar e progressivamente em cada residência. Esse memorial celebra um "desconhecido", um francês que jamais foi *falado*. O mais recente, o mais científico dos dicionários tem um título que o expressa: *Trésor de la langue française*. Maravilha técnica e literária, ele coloca a comunicação entre os falantes do francês na classe dos monumentos históricos.[2]

Chomsky e seus discípulos há muito tempo têm protestado contra a autoridade da escrita. Roberts, o autor americano de uma *Sintaxe inglesa*, escreveu em 1964: "Os sistemas escolares em geral se preocupam mais em ensinar a escrever do que em ensinar a falar... Ora, é indiscutível que falar é a realidade fundamental, da qual a escrita é uma simbolização secundária". Basear um ensino no princípio de que a escrita é somente a transcrição – o sinal de referência e o vestígio – do oral é se predispor a encontrar a racionalidade na prática verbal (a fala obedece às leis), em vez de se exilar em um conformismo escriturário, exterior ao exercício efetivo da língua. Com isso, atribui-se uma outra condição à atividade cotidiana, dela se faz o próprio campo da reflexão teórica; situamo-nos de maneira diferente com relação à cultura dos cidadãos para quem o instrumento de produção não é a língua e, portanto, o produto não é a escrita; talvez igualmente seja esse reaprender a compreender em uma língua esses deslizes entre homônimos, as circulações fonéticas – jogos de sons produzindo efeitos de sentido – dos quais faz uso a literatura oral tantas vezes (provérbios etc.), cuja importância a psicanálise também exuma e que escapam, no entanto, à classificação escriturária das palavras, segundo a distribuição das letras.

À época de minha primeira experiência de ensino nos Estados Unidos, no início fiquei surpreso em ver a quantidade de erros de ortografia que cometiam os estudantes de cursos avançados. Na escola primária, eu havia adquirido horror a erros de ortografia. Na realidade, esses americanos libertaram-me, reensinando-me minha própria história: para os escritores franceses dos séculos XVI e XVII, o oral constituía a referência primordial, e a escrita, seu vestígio no papel. Atualmente, narra-se ainda nas escolas a história edificante de Malherbe saindo em busca do francês entre os carregadores do porto Saint-Jean em Paris, mas sua finalidade é justificar o herdeiro de Malherbe e proibir ao mestre de entrar na escola do francês falado pelos seus alunos nos lugares públicos. Um comportamento cultural inicia-se e exprime-se com o papel atribuído à língua escrita e à oral no conteúdo de ensino.

Um último exemplo: *as representações do espaço* postas em circulação pelo ensino de uma geometria pseudo-"euclidiana" (sob sua forma atual, ela data do século XVIII) e atrasada. Na linguagem corrente, nada é tão fundamental (juntamente com as relações de tempo) quanto a organização espacial, segundo a qual se classifica, distribui e pensa tudo "que acontece". Ora, como diz G.-Th. Guilbaud, a escola distribui o mais das vezes os fósseis das matemáticas, uma arqueologia e um museu desse discurso espacial que constitui o essencial da geometria. Aqui também a mudança dos programas terá um impacto cultural, ao introduzir, por exemplo, antes esquemas que representam ações espaciais do que formas, ou, de modo mais complexo, a topologia, isto é, uma análise que leva em conta o quase (a aproximação) para tratar o espaço em termos de percursos possíveis. O cálculo, ligado a uma experiência com o espaço, poderia se acrescentar e dar maior exatidão aos discursos gestuais aos quais Descartes já remetia quando aconselhava que se fosse ver os artesãos trabalharem para descobrir "a ordem" em experiências espaciais.

A conclusão é que a questão de fundo é indiscutivelmente a *relação entre o conteúdo do ensino e a relação pedagógica*. Sob esse aspecto, a relação Rouchette parece-me insuficiente: ela modifica o objeto veiculado, e não a maneira pela qual se apresenta o elemento essencial da formação, a saber, a conversação, o intercâmbio entre o professor e o aluno, isto é, a própria experiência do francês como linguagem e comunicação. Na realidade, o plano foi elaborado depois de 1963, no contexto de aulas experimentais que constituem seu postulado e sua sustentação. Mas o papel que exerceu aí a relação pedagógica não chegou a ser teorizado. Passou sob silêncio. De tantas colaborações com os alunos, emerge apenas o discurso que descreve um programa de ensino.

Temos aí um sintoma da situação atual. Trata-se de saber se a relação é por si mesma produtora de linguagem ou se é o canal pelo qual se "transmite" um saber estabelecido pelos professores; se a prática da comunicação deve intervir como determinante na criação da cultura escolar, ou se ela será uma técnica que visa aos consumidores de produtos fabricados pelas oficinas especializadas; ou ainda se haverá uma ruptura entre o saber e a relação social.

Duas linhas de pesquisa separam-se: uma dedica-se aos conteúdos (tradicionais ou progressistas), elaborados pelos especialistas de uma disciplina; a outra diz respeito à relação pedagógica, na sua qualidade de especialidade de uma ciência pura ou então uma experiência concreta isolada dos trabalhos sobre as disciplinas. A formação cinde-se em duas. Mais exatamente, ela fragmenta-se em múltiplos objetos de estudo (proporcionalmente a uma disseminação dos saberes) que não se articulam com a própria prática da relação, voltada para uma vida oculta, subterrânea, alheia a teorias e, no entanto, fundamental. O ensino vacila entre os dois termos de uma alternativa: ou se entrincheirar no saber (que uma boa iniciação em psicologia permitirá "transmitir"), ou entrar com os alunos no jogo das relações de força ou de sedução (dos quais os discursos científicos são apenas metáforas).

É exatamente na medida em que o saber escolar perde seu crédito, em que se encontra substituído por conhecimentos adquiridos em outro lugar e mais rentáveis, em que, portanto, não está mais tão ligado à lei de uma sociedade, que ele é mais facilmente visto como o artifício que oculta os conflitos mais "reais" da comunicação. A experiência pedagógica reflui então para a psicologia de grupo. Quanto mais o saber se marginaliza, mais os problemas da *relação* invadem o campo que ele ocupava. Sob muitos aspectos, é o indício de um novo papel da escola. Mas essa tendência acarreta efeitos opostos: uma radicalização com relação ao *objeto* tradicional do ensino, ou então uma vontade de solucionar, somente pelo aperfeiçoamento dos programas, as dificuldades criadas por uma nova função da escola na sociedade.

Sejam quais forem as questões globais assim levantadas, é impossível aceitar, até mesmo na escola, uma tal separação (que apresentei esquematicamente) entre o saber e a relação. Essa dicotomia entre as programações objetivas e a comunicação individual caracteriza cada vez mais a sociedade como um todo. A escola poderia ser *um* dos lugares onde seja possível reaprender sua conjugação em uma prática específica. De momento, sob uma forma que se tornou secundária, ela permite sua experimentação: ela constitui um laboratório onde esse problema social é de certo modo miniaturizado, mas visível e passível de tratamento (o que não quer dizer: regulamentável), contanto que se explicitem seus termos. Por exemplo, pode-se nela analisar a contradição entre o conteúdo do ensino (quando ele implica uma relação com a obra, com autores, com um passado, assim como com "autoridades" aceitas) e a experiência pedagógica (quando há liberdade de discussão entre o docente e os discentes): a linguagem do saber implica, nesse caso, uma relação hierárquica que vai de encontro à linguagem que se elabora com base nos intercâmbios. Dois modelos culturais defrontam-se desse modo, mas em condições que permitem "tratar" o conflito em uma práxis comum. Ainda que essa experiência de laboratório não ponha em ordem os problemas de uma sociedade, ela torna possível *a aprendizagem de procedimentos operatórios já proporcionais à situação global*, cujas dificuldades escolares constituem apenas um sintoma.

Esse tipo de atividade não é nem exemplar, nem generalizável. A escola não é mais o centro distribuidor da ortodoxia em matéria de prática social. Ao menos, sob essa forma, talvez ela seja um dos pontos onde se põe em ação uma articulação entre o saber técnico e a relação social e onde se efetua, graças a uma prática coletiva, o reajustamento necessário entre modelos culturais contraditórios. É uma tarefa limitada, mas faz com que a escola participe do trabalho, muito mais vasto, que designa hoje a "cultura".

É verdade que, ao se encarar os problemas sociais sob a perspectiva da escola, estaremos considerando-os apenas segundo um dos seus aspectos menores e se chega somente a experimentos reformistas. Contrariamente ao que poderíamos esperar durante um pequeno período de tempo na França, a transformação sociopolítica não virá da universidade (no sentido amplo). Ao contrário de um pensamento liberal ou utópico, acredito que se toda revolução produz uma mutação na escola, ela não poderia ser, entre nós, o efeito da ação levada a cabo nessa instituição escolar que sempre se apoiou em um poder que não o seu, o do Estado, e desde então descentrado com relação à atividade do país, interiormente enfraquecido e distanciado dos setores estratégicos da organização social.

As academias do saber transformadas em clubes Méditerranée?

A massificação da escola e do liceu, assim como da universidade, muda completamente o ensino, tanto seu conteúdo quanto as relações internas. Há três anos, a ameaça de uma derrocada da instituição, seguida do retorno à ordem, criou fatos novos.

Entre os docentes, nasceu um sentimento de insegurança. Ele coexiste com a consciência da sua exterioridade com relação aos setores nos quais a cultura se desenvolve: a usina, os meios de comunicação de massa, as técnicas, as grandes empresas... O docente flutua à superfície da cultura: ele se coloca na defensiva à mesma proporção em que se percebe mais frágil. Torna-se inflexível. É levado a reforçar o rigor da lei das fronteiras de um império do qual não está mais seguro.

Por outro lado, os estudantes descobrem a universidade como um campo cediço que não pode servir de plataforma para uma oposição política. Duas correntes delineiam-se, indicativas de um outro funcionamento das universidades.

Uma, *realista*, vê nos produtos escolares um valor de troca, e não um valor de uso. Ela faz da universidade o meio de obter vantagens sociais. Sob essa perspectiva, os estudantes aceitam a guilhotina do exame ou o formalismo do ensino: é idiota, mas uma condição obrigatória. Jogam um jogo que perdeu toda a credibilidade. Sem ilusões a esse respeito, recusam-se a investir aí preocupações pessoais que se exprimirão em outros lugares e que, introduzidas nos estudos escolares, comprometeriam o êxito, ligado aos artifícios de uma linguagem circunscrita.

A outra, *cultural*, encontra-se sobretudo no setor das ciências humanas. É o caso de adolescentes ou de adultos que já são assalariados (ainda que em meio período), ou que têm dois ou três anos livres antes de vencer o prazo para o início da vida profissional, ou de mulheres casadas que adquirem mais liberdade quando seus filhos chegam à idade escolar. Essas pessoas vêm à universidade explorar os campos que lhes interessam, buscar instrumentos ou pistas para a reflexão, descobrir países bibliográficos, tentar formular tecnicamente as indagações que lhes são próprias. Eles sabem que não há rentabilidade aí. Mas possuem outros lugares para isso. Sob essa perspectiva, a lei introduzida na universidade não é a das suas reivindicações sociopolíticas, mas a de suas curiosidades. Eles empurram a universidade para os lazeres e a cultura, para transformá-la em uma casa da cultura mais bem organizada, e por vezes em um clube Méditerranée superior.

Julgo que essa tendência vá se acentuar e conferir à universidade uma função cultural *paralela*, com relação aos meios de comunicação de massa ou à formação profissional, ao passo que ela ocupava até então o centro da ortodoxia cultural nacional. De onde se conclui aquilo que se chama, com um nome que acaba por designar todas as formas de distanciamento cultural ou de marginalismo cultural, o "esquerdismo" universitário. Com efeito, em essência, a diferença não diz respeito inicialmente às pertenças políticas, mas a dois modos de utilização da universidade, ligados, aliás, a recrutamentos sociais diferentes: um, "realista", que visa a uma rentabilidade econômica; o outro, "cultural", que trabalha para criar um espaço livre, um desvio político com relação à imposição do trabalho. Reencontramos aí duas funções tradicionais da universidade, mas elas se desencaixam em virtude de sua marginalização no conjunto sociocultural da nação.

É evidente que a demanda "cultural" exerce uma pressão. Ela resulta, na "base" da universidade, de cooperações bastante estimulantes, uma preferência pelos setores mais exóticos, o suporte dos experimentos mais inéditos, ou uma alergia crescente ao psitacismo dos docentes refugiados nos Douaumont do humanismo de outrora. Em outras palavras, movimentos contrários caracterizam um momento da evolução que não comporta uma referência a *uma* lei dominante.

As distorções entre a oferta e a demanda

A universidade mantém relações complexas com a sociedade, sob a forma de demandas e de ofertas cada vez mais desordenadas. Se admitirmos que uma instituição seja sempre um modo de equilíbrio entre oferta e demanda, não nos espantará que esses acordos desordenados e em via de transformação tenham por indício ou efeito uma desestruturação das instituições. Apontarei somente alguns aspectos dessa disfunção.

A universidade é gerenciada por uma administração anônima e saturada – corpo enorme, tomado pela inércia, opaco a si próprio, tornado como que insensível às diretrizes superiores, às injeções teóricas ou aos estímulos exteriores.

Insulares, as instituições escolares não estão nem submetidas às regras de produção comuns a toda empresa, nem articuladas à formação profissional para o trabalho, nem adaptadas a uma política do emprego. O imposto nacional as isenta das coações econômicas particulares e as liga diretamente, sob um aspecto reivindicativo, ao Estado que as alimenta.

A concorrência dos meios de comunicação de massa acentua culturalmente esse isolamento econômico. Outrora instalada em um magistério da cultura, a universidade é duplicada (no sentido esportivo do termo) por redes de formação e de informação muito mais importantes do que as suas. Por conseguinte, há uma incerteza quanto ao que se pode lhe exigir e quanto ao que ela pode oferecer.

Mais do que qualquer outra "corporação", a universidade, posta à frente de todas as grandes cruzadas da nação, foi o lugar de investimentos ideológicos. Como é normal, esses modelos culturais sobrevivem à conjuntura que exprimiam. Hoje, estão atrasados com relação à evolução socioeconômica. Mas armam e dão crédito à resistência a uma situação nova cuja própria análise é obliterada pela repetição dos discursos que animaram as campanhas de outrora.

Poderes políticos, financeiros, industriais etc. ocupam cada vez mais a universidade: partidos, forças sindicais, grandes empresas, o exército estão de posse de setores inteiros.

Como a África do século XIX, a universidade é um continente que os colonizadores disputam entre si: entre sindicatos e patronato, por exemplo, há os Fachodas. Mas essa ocupação não é acompanhada de responsabilidades no ensino. É uma infiltração. Ela mina "a autonomia" universitária, sem correr o risco de ser substituída pelas "pseudoautoridades" que ela mantém em cena. O mercado da oferta e da demanda está viciado quando não se sabe mais quem é responsável pelo quê.

Ao mesmo tempo, no momento em que a escola perde suas forças próprias, uma grande parte da opinião reclama dela a solução de dois dos mais graves problemas da sociedade contemporânea: uma redefinição da cultura, a integração da juventude. Veem-se, desse modo, refluírem para as instituições escolares as reivindicações ou as frustrações ideológicas. A sociedade do passado comportava uma pluralidade de grupos ideológicos: organismos políticos, formações sociais, Igrejas, movimentos jovens etc. Um deserto de credibilidade seguiu-se a essa proliferação, no próprio lugar onde forças sobreviveram às suas crenças e as utilizam ainda (mas para fins antes publicitários do que programáticos). Ora, a universidade vê-se muitas vezes alvo da acusação injusta de manifestar mais do que outras essa vacância ideológica, ou da exigência exorbitante de cobrir esse buraco. Testemunhas de uma mutação global nos quadros de referência, os docentes são frequentemente prisioneiros dessa reivindicação assim como cúmplices dessa acusação, na medida em que têm a ilusão de crer que possuem ou que deveriam possuir "valores" para distribuir.

Desse quadro pessimista (mas é preciso que também seja feito) deduz-se ao menos, creio eu, que é preciso repensar e situar novamente a escola em função das relações efetivas entre a oferta e a demanda.

A cultura escolar apresentava-se no passado como desinteressada, porém se apoiava em um poder sólido. O ensino do século XIX era endossado pelo poder republicano, laico etc. De fato, ele comportava um certo desinteresse, mas apenas na medida em que criava um espaço de trabalho não diretamente ligado a uma profissão ou a um poder. Esse espaço não estava menos condicionado pela existência de um poder e destinado a "reproduzi-lo".

Atualmente, a certeza que essa cultura desinteressada postulava parece faltar. Vê-se surgir entre os docentes, tanto no secundário quanto no superior, a convicção ou a suspeita de que o poder não mais os sustenta. Do mesmo modo falta-lhes um outro apoio. Vejo um indício disso no fato de que a parte mais ativa dos universitários franceses se torna comunista.[3] Dois aspectos dessa evolução bastante nova impressionam-me. Em primeiro lugar, o partido comunista oferece a intelectuais franceses uma referência ideológica em substituição àquela que no passado representava o patriotismo, a laicidade, o cientificismo, o positivismo..., uma vez que o poder é incapaz de fornecê-la (de Gaulle era um acréscimo de significados; Pompidou é a escassez). Por outro lado, o universitário apoia-se sempre em um poder, permanecendo, fundamentalmente, um funcionário. Mas, uma vez que o apoio que o poder político apresentava até aqui falta ou se torna inconfessável, procura-se no partido uma força constituída.

Desde o século XVI, o corpo docente sempre teve necessidade dessa dupla referência: uma, a uma ideologia que mantenha no ensino a possibilidade de uma missão, de um evangelismo; a outra, a uma força, pois o docente não tem outro poder senão aquele que diz respeito à organização de uma sociedade. Esse duplo papel foi exercido sucessivamente pela Igreja, depois pelo Estado. Ele revela a relação de uma cultura "desinteressada" com um poder interessado.

A pesquisa, um problema "político"

Realmente, entre pesquisa e ensino ou vulgarização, há uma tensão crescente. De um lado, no nível do orçamento, a parte dotada à pesquisa diminui em todos os países europeus de uma maneira às vezes catastrófica. De outro, na experiência escolar efetiva, as exigências do ensino absorvem quase todas as forças do docente. No entanto, na tradição francesa, o professor dispunha de tempo livre, que crescia, aliás, com sua ascensão na escala hierárquica, que lhe permitia continuar a ser um cientista. Até no ensino primário, com as sessões ou os trabalhos de pedagogia, mantinha-se esse aspecto de pesquisa. O que prevalece atualmente na política universitária é a imediaticidade da relação docentes/alunos. A margem de crítica ou de autocrítica que representava a pesquisa acha-se diminuída. Ora, problemas graves, por exemplo, as relações entre o desenvolvimento econômico e a cultura etc., exigem, pelo contrário, mais do que nunca, uma reflexão fundamental. Essa urgência cresce à proporção que as verbas que lhes são dotadas diminuem.

A tradição francesa estabelecia uma relação hierárquica entre a pesquisa e o ensino. Comissões de especialistas elaboravam os programas distribuídos em seguida a toda a massa da educação nacional. E na microunidade do ensino ensinava-se o livro que tinha autoridade, isto é, o produto de uma pesquisa. A busca estava no ponto de partida de uma difusão. Hoje, essa relação inverte-se. Nas grandes instituições, o que predomina é uma política centrada na satisfação imediata das necessidades e na organização administrativa. Administra-se e rega-se segundo a urgência. Em suma, faz-se pedagogia ou vulgarização. A pesquisa encontra-se indefinida. Contudo, na base, nas pequenas unidades, existe um fervilhar de pesquisas: pequenos laboratórios, experiências novas transformam tanto a disciplina quanto a relação pedagógica. É ao mesmo tempo muito importante e muito perigoso. Muito importante, porque desta vez a pesquisa parte da base e retorna; não é elitista; não é definida do alto. Muito perigoso, porque há uma fragmentação de experiências demasiadamente pequenas para ter meios suficientes. Para além de uma fronteira marcada por um limite financeiro, a pesquisa não pode mais ser levada avante. Ademais, essas pesquisas espalhadas não podem mais se articular entre si. Fogos fátuos na noite, elas se acendem aqui e ali, nas universidades e nos liceus. Depois, rapidamente se apagam. Temo muito pelo efeito do cansaço e do desalento que acarreta uma pesquisa que não é apoiada pelas estruturas globais do ensino.

Uma escola crítica

Toda experiência particular funciona em um sistema de estruturas econômicas. Por exemplo, os projetos de formação permanente em Grenoble já suscitaram a formação, pelo patronato, de uma clientela de empresas as quais representa. Ele tentará, desse modo, impor suas normas e utilizar os estágios segundo suas próprias perspectivas. A experiência não é mais separável do conjunto socioeconômico no qual ela intervém. Em nenhum momento uma unidade particular de ensino, por mais autônoma, marginal ou nova que seja, pode evitar o problema da sua relação com os poderes existentes.

Tomemos apenas o caso das relações entre a escola e o poder. Durante três séculos e especialmente desde a Revolução Francesa, a escola foi a arma de uma centralização política. É preciso acrescentar que ela foi também o instrumento de uma promoção democrática. Isso se traduziu até na menor das vilas por uma modificação de sua geografia. A cidade ou a vila foi "marcada" pela implantação de uma escola: espaço estático, não conformado pelo desenvolvimento, é um lugar geométrico como a caserna, com salas quadradas e corredores retilíneos, projeção arquitetônica do ensino que ali se oferecia. Esse templo da razão una e centralizada colocava na vila o selo de um poder cultural.

Atualmente, a situação é diferente. O poder cultural não está mais localizado em uma escola. Ele infiltra-se em qualquer teto e qualquer espaço, com as telas da televisão. Ele "personaliza-se". Introduz por toda parte os seus produtos. Faz-se íntimo. Isso muda a posição da escola. No passado, representante do Estado pedagogo, ela tinha como contrapartida e adversária a família, que exercia o papel de um controle. Todas as noites, a volta das crianças para casa permitia um reajustamento familiar com relação à cultura ensinada na escola. Atualmente, a escola encontra-se em uma situação praticamente inversa: com relação à família invadida pela imagem televisiva, ela pode se tornar o lugar de controle onde se aprende o modo de utilização de uma informação até então fornecida fora da escola. No passado, a escola era o canal da centralização. Hoje, a informação unitária vem pelo canal múltiplo da televisão, da publicidade, do comércio, dos cartazes etc. E a escola pode formar um núcleo crítico onde os professores e os alunos elaboram uma prática própria dessa informação vinda de outros lugares.

Nessa mesma proporção, a escola não tem mais a mesma relação com o poder. Ela atua, a partir de então, em dois quadros. Permanece uma instituição do Estado, delegada pelo governo, para difundir um modelo cultural definido pelo centro. Por outro lado, está em uma posição ao mesmo tempo ameaçada e crítica com relação à cultura que difundem os meios de comunicação de massa etc. Essa ambivalência pode constituir um polo de resistência (que não é necessariamente contestador). De fato, entre os professores, desenvolve-se um espírito crítico. Este diz respeito, em primeiro lugar, à sua posição sociológica: é o resultado ideológico da sua situação de marginalizados. Os docentes não estão mais no centro da cultura, mas nas suas bordas. Embora ainda dependam da função de uma estrutura estática, podem encontrar assim o meio de tomar distância com relação ao imperialismo doravante vulgarizado pela publicidade ou pela televisão etc. Uma pluralidade de pontos culturais de referência pode, desse modo, ser garantida.

Multilocação* da cultura

O ensino francês encontra-se em posições bastante diversas. Topograficamente, poderíamos distinguir três delas. Antes de mais nada, ele vive em um mundo imaginário: a centralização administrativa da escola resulta em uma paralisia do corpo inteiro, uma latência cultural, um passadismo extraordinário. Apesar das reformas que atribuem mais responsabilidades ao escalão acadêmico regional ou a cada liceu, a uniformização continua a congelar o corpo da educação nacional.

No entanto, constatam-se múltiplas porosidades culturais, fenômenos de simbiose com o meio. Tal como os acordos com vistas à formação permanente, ou a convenções entre uma empresa ou uma associação de empresas industriais e uma escola técnica ou uma universidade. Em todos esses pontos, as fronteiras do corpo diluem-se e transformam-se. Não se sabe mais com certeza a quem pertence a escola. Formam-se novas unidades que não podem mais ser definidas como "escolares". Uma organização nova se esboça, ainda que essas transformações localizadas

---

* *Miltilocation:* palavra formada a partir de *multiloculaire,* que é definida (cf. Petit Robert) como: (bot.) ovário que se dividiu em muitas células. Palavra semelhante ocorre abaixo (*bilocation* – bilocação). (N.T.)

pareçam, no momento, tornar mais inerte o resto do corpo e mais difícil a reforma do conjunto.

A escola não é mais somente uma *no man's land* com relação aos setores reais da cultura. É também um agente de transição, diria mesmo de trânsito. Veem-se formas nascerem, trabalho enorme que suscita conflitos políticos. Um exemplo: a formação permanente. As instituições estabelecidas ou os grandes feudos do regime disputam entre si as somas colossais atribuídas a cada setor. Cada um quer reivindicar os créditos de experiências em curso para aumentar seu império ou fazer com que suas concepções prevaleçam. Essas lutas provam ao menos que as coisas estão se agitando.

Enfim, o terceiro lugar do ensino situa-se deliberadamente fora da escola. Numerosas organizações industriais, profissionais, sindicais, ou simplesmente de revistas profissionais, garantem, somente a si próprias, uma ampla formação, que vai da reflexão sobre os valores até a análise técnica. Uma abundante literatura pedagógica e cultural desenvolve-se com base nas profissões ou nas atividades de lazer: a pesca, a jardinagem, a bricolagem... Ela é tão importante, a meu ver, quanto a dos manuais escolares. É um ensino autônomo com relação à universidade, embora essa produção retome muitas vezes a seu modo os modelos elaborados no passado para uso da escola. Se podemos acusar a escola de ser inerte ou marginal, pode-se censurar na cultura definida por esses setores profissionais ou técnicos o fato de ser utilitarista. A cultura neles funciona segundo os produtos à venda, segundo a profissão ou segundo o tipo de organização industrial que se deseja promover: cultura deliberadamente interessada.

Assiste-se a *uma multiplicação da cultura*. Torna-se possível manter vários tipos de referências culturais. Com relação ao monopólio que a escola detinha, uma maior liberdade torna-se possível com esse jogo de instâncias culturais diferentes. Portanto, parece-me prematuro e irrealista supor que a escola terminou e que os problemas culturais se encontram unicamente na base da profissão; ou afirmar o contrário, para recolocar sobre a escola tudo aquilo que se faz nas empresas industriais ou técnicas. Os diferentes setores culturais representam uma construção triangular que dá a cada um o lugar de uma autonomia cultural, um espaço de criatividade própria. É verdade que semelhante "liberdade" poderia parecer apenas ilusória, pois esses três polos (se ficarmos apenas neles) inserem-se também em um sistema que, ao se homogeneizar, torna fictícias as suas diferenças. Apesar de tudo, a estrutura rígida do ensino francês parece progressivamente substituída por uma pluralidade de instituições. Elas se constituem mediante conflitos políticos e econômicos. A indústria desejaria recuperar o conjunto; a educação nacional não quer deixar escapar o ensino tradicional e entende trazer novamente ao aprisco a formação permanente. É preciso trabalhar para que isso não resulte em um monolitismo ainda mais opressivo, e sim para que seja a gênese do plural.

Uma parte considerável da cultura é expulsa do ensino. Por exemplo, as atividades profissionais (exceto algumas, ditas "liberais") não são reconhecidas como culturais. Nos IUTs, ensina-se uma profissão e acrescentam-se algumas aulas de filosofia ou de cultura geral alheias à atividade profissional. Um simples verniz de cultura patenteada é espalhado sobre a atividade técnica que, todavia, constitui em si um setor fundamental da cultura.

Com certeza, se é verdade que qualquer atividade humana *possa* ser cultura, ela não o é necessariamente ou não é ainda forçosamente reconhecida como tal. Para que haja verdadeiramente cultura, não basta ser autor de práticas sociais; é preciso que essas práticas sociais tenham significado para aquele que as realiza. Outrora, esse acesso do agir ao sentido foi facilitado pela religião, que conferia significado ao menor dos gestos cotidianos. Arar um campo, fabricar uma cadeira, operar uma fresadora, afirmava ela, tinham um significado. Aquilo que a religião representou, o socialismo, o patriotismo, outras grandes convicções integradoras o afirmaram depois. Mas será assim ainda, hoje em dia? Atualmente, o risco do sentido é para *ser descoberto*, sem a proteção de uma ideologia englobante.

Será ao menos possível esse risco? Ora, uma cultura monolítica impede que as atividades criadoras se tornem significativas. Ela ainda reina. Condutas reais, certamente majoritárias, são culturalmente silenciosas; não são reconhecidas. A tal ou tal modo fragmentário de prática social atribui-se o papel de ser "a" cultura. Coloca-se o peso da cultura sobre uma categoria minoritária de criações e de práticas sociais, em detrimento de outras: campos inteiros da experiência encontram-se, desse modo, desprovidos de pontos de referência que lhes permitiriam conferir uma significação às suas condutas, às suas invenções, à sua criatividade.

Não há um setor particular na sociedade onde se possa fornecer a todos os outros aquilo que os proverá de significação. Seria restaurar o modelo unitário: uma religião imposta a todos, uma ideologia do Estado, ou "o humanismo" de uma classe colonizadora. Que grupo tem o direito de definir, em lugar dos outros, aquilo que deve ser significativo para eles? É verdade que a cultura está, mais do que nunca, nas mãos do poder, o meio de instalar, hoje como no passado, oculto sob um "sentido do homem", uma razão de Estado. Mas a cultura no singular tornou-se uma mistificação política. Mais do que isso, ela é mortífera. Ameaça a própria criatividade. Sem dúvida, é atualmente um problema novo encontrar-se diante da hipótese de uma pluralidade de culturas, isto é, de sistemas de referência e de significados heterogêneos entre si. À homogeneização das estruturas econômicas deve corresponder a diversificação das expressões e das instituições culturais. Quanto mais a economia unifica, mais a cultura deve diferenciar. Não é certo que cheguemos a isso, nem mesmo que caminhemos efetivamente nessa direção. Mas será possível pretender de outro modo que, em última análise, o significado da existência seja idêntico às formas múltiplas que o homem corre o risco de ser? É uma prática significativa. Ela consiste não em receber, mas em exercer a ação pela qual cada um *marca* aquilo que outros lhe dão para viver e pensar.

Notas

1. Marcel Rouchette (org.), *Vers un enseignement rénové de la langue française à l'école élémentaire*, Armand Colin, 1969 (L.G.).

2. Ao dizer isso, de modo algum é meu desejo negar a necessidade do dicionário; nem me esqueço do júbilo extasiante provocado pelo itinerário pelos itens alfabéticos do Littré ou do Robert, que narram as viagens, as metamorfoses e os recursos dos vocábulos. Mas é preciso não confundir esses prazeres (quase profissionais) da escrita com os acordos da língua falada.

3. Escrito em 1972 (L.G.).

7
MINORIAS

Reivindicações culturais ou políticas?

– Os registros graças aos quais um movimento minoritário pode tomar forma são o cultural e o político. O perigo que convém assinalar é que se corra sempre o risco de se perder em um ou em outro, o unicamente cultural ou o unicamente político.[1]

Um certo número de movimentos minoritários enfrenta a dificuldade de ter, em um primeiro momento, que se situar negativamente. Uma autonomia cultural, social ou étnica sempre se manifesta dizendo *não*: Não, diz o negro, não sou um americano. Não, diz o indiano, não sou um chileno ou um argentino. Não, diz o bretão, não sou um francês. Essa é uma posição de partida absolutamente fundamental, mas rapidamente se torna enganosa quando se permanece nela:

corre-se o risco de se agarrar quer a uma ideologia política, quer a uma formulação exclusivamente cultural.

Enfatizo *ideologia política*, uma vez que a minoria não possui força política efetiva, pelo menos enquanto se mantêm as estruturas centralizadoras que eliminam a possibilidade social de que uma minoria se manifeste por sua própria conta: cai-se, então, na ideologia, no discurso.

Por outro lado, a forma mais imediata de manifestação é de ordem cultural. A reivindicação bretã diz: "Temos outras tradições, nossa referência histórica é outra, temos outras formas de comunicação etc.". Porém, se nos prendermos a esse elemento cultural, mais dia, menos dia seremos fatalmente recuperados, justamente porque a manifestação cultural é apenas a superfície de uma unidade social que ainda não encontrou sua própria consistência político-cultural.

Permanecer nessa apresentação cultural é entrar no jogo de uma sociedade que constituiu o cultural como espetáculo e que instaura por toda parte os elementos culturais como objetos folclóricos de uma comercialização econômico-política. Por conseguinte, se nos prendermos a uma representação cultural, ficaremos nesse "teatro" nacional que comportará também – e por que não, se se trata do mesmo divertimento –, personagens bretonizantes, outros occitanos, catalães etc., colocados ao lado dos drogados e dos esquerdistas. A manifestação cultural, desejando prestar testemunho de uma certa autonomia, é traída pelo próprio campo no qual se situa quando pretende definir-se culturalmente. Ademais, no nível dessa expressão cultural, percebe-se muito bem como passam seu tempo a se contradizerem. Tomo por exemplo um artigo muito interessante de Larzac.[2] Ele protesta contra as assimilações da Occitânia à história francesa. Como ele procede? Ele refere-se sempre à cronologia francesa. Diz, por exemplo: "A derrota de Muret, nosso Waterloo", "Montségur, nosso Oradour" etc. Na verdade, a referência é francesa e seu negativo parece unicamente permitir ainda designar a história ocitana. Em um primeiro momento, como poderia ser diferente? Essa história ocitana não pode ainda se manifestar senão na linguagem do outro, que ela inverte. Ela indica um lugar, mas é preciso preenchê-lo. É preciso mantê-la por um ato político próprio. Somente um poder permite tomar a palavra por si mesmo, falá-la por si mesmo.

Há aí um problema de fundamento. Com efeito, de maneira mais ampla, a reivindicação cultural está muitas vezes ligada a uma maior dependência econômica e política. Em Quebec, na Ocitânia ou na Bretanha, o progressivo desaparecimento de uma independência econômica (que mantinha o próprio isolamento do campo) e o progresso da centralização fazem com que a autonomia retroceda em direção ao cultural. Sob esse aspecto, a reivindicação cultural aparece como um vestígio e uma compensação.

Associa-se a isso um outro fenômeno, aparentemente contrário. Foi preciso um enriquecimento (bastante relativo!) dos franceses de Quebec, ou uma promoção de responsáveis camponeses bretões (nas cooperativas, nas administrações municipais etc.) para que surgisse a reivindicação autonomista. Ao sair de seu isolamento, ao entrar no jogo das estruturas econômicas ou políticas, os quebequenses ou os bretões percebem que sua promoção iria até um certo limite, que ela se chocaria com a porta dos detentores de posições elevadas. Sua promoção permitiu uma tomada de consciência. Fez com que fossem trazidas à luz forças de repressão que permaneciam invisíveis ou menos visíveis quando nada as ameaçava.

Mas essa promoção ameaça inclusive aqueles mesmos que são seus beneficiários. Em muitas regiões, ela assimila novas gerações à cultura veiculada pelas estruturas econômicas nas quais se introduzem. Os pontos de referência tradicionais (linguísticos, consuetudinários, familiares) distanciam-se, apagam-se, por vezes se perdem: o uso da língua própria localiza-se em atividades marginais, torna-se periférico, por vezes desaparece. Esse desaparecimento torna a identificação difícil, às vezes impossível ou angustiante. Como se encontrar uma identidade bretã ou ocitana, quando os pontos de referência que a tornavam possível aos pais ou aos avós se apagam ou se tornam inoperantes? Há então um retorno violento às tradições locais, à língua própria, mas como a algo que já se tornou estranho: retorna-se a algo que ainda é seu (um meio de se identificar), mas já outro, alterado.

Podemos encontrar algo análogo naquilo que Edgar Morin apontou, a propósito de Plodémet[3]: a consciência de ser "bretão" está ligada a uma mistura cultural. Desse modo, até a guerra de 1914, as aldeias (não me refiro aos parlamentares ou aos burgueses) identificavam-se pela distinção entre si. Em 1914-1918, os aldeães, chegando às casernas, viram-se tratados como "bretões" pelos parisienses ou pessoas de outras províncias; tomaram consciência de si mesmos como "bretões" exatamente no momento em que se misturaram com os não bretões. O sentimento de ser diferente está ligado à designação dessa diferença pelos outros e a uma situação que, na solidariedade "francesa", diminuía a autonomia vivenciada.

Isso quer dizer que a reivindicação cultural não é um fenômeno simples. O caminho tomado e seguido normalmente por um movimento que resgata sua autonomia é exumar, sob a manifestação cultural que corresponde a um primeiro momento de tomada de consciência, as implicações políticas e sociais que aí se acham envolvidas. Isso não significa, no entanto, eliminar a referência cultural, pois a capacidade de simbolizar uma autonomia no nível cultural permanece necessária para que surja uma força política própria. Porém é uma força política que vai conferir à declaração cultural o poder de realmente se afirmar.

Tocamos aqui num dos pontos que me parecem cada vez mais importantes, a saber: como pode se delinear, com base em uma manifestação cultural, uma organização política real, efetiva? Creio que é abandonando a ideia de um isolamento cultural, a ideia de que o problema dos bretões é somente dos bretões. Se os bascos e os bretões não conseguiram encontrar uma autonomia é em razão de uma organização global da sociedade na qual eles se situavam. Nesse sentido, seu problema diz respeito ao conjunto dos cidadãos franceses: trata-se da impossibilidade de cada um viver em uma sociedade que admite uma pluralidade de grupos. Os bretões colocam, assim, mas com mais veemência, um problema que concerne a qualquer grupo no interior da sociedade francesa. Se a questão não é mais a de uma democracia de grupos políticos e se reduz a uma manifestação cultural de alguns cidadãos franceses, os grupos não bretões não reconhecerão mais na Bretanha senão um folclore.

Em outras palavras, não é preciso tomar o sintoma pelo mal. Há portanto, na Bretanha, relíquias de uma tradição própria que constituem o indício de uma autonomia ainda demarcável graças a eles, mas esses vestígios não são absolutamente a verdadeira questão. Se nos ativermos ao sintoma, chegaremos inicialmente à folclorização da Bretanha, ao menos do elemento bretão. Um outro fenômeno se produzirá, talvez ainda mais perigoso: para "se tornarem" bretões, eles não verão outro meio senão "voltar" para trás, regressar ao seu passado. O bretão não será mais do que uma peça de museu para si mesmo, caso tenha somente, como ponto de referência político, cultural, social etc., de sua autonomia, aquilo que foi no passado e que está a ponto de desaparecer. Ao contrário, na medida em que o bretão reconhece nesses indícios culturais um problema que exige tomar uma posição nova com relação ao conjunto da sociedade francesa, na medida em que outras formações (não bretãs) devam nascer também nessa sociedade, na medida em que a reivindicação cultural possa assim tomar a forma de uma luta política contra a centralização social ou cultural, a partir desse momento a questão bretã não é mais redutível ao seu passado, nem a um objeto folclórico nacional.

– Mas então, essa reestruturação global da sociedade como a que você tenta imaginar corresponde a uma justaposição de grupos que desejam ser autônomos?

A meu ver, você toca em um problema global que não diz respeito somente à sociedade francesa. Assiste-se atualmente a uma evolução geral. As grandes estruturas nacionais que defendiam os interesses de grupos ou de indivíduos (os sindicatos para os operários, as universidades para os estudantes, a magistratura para os cidadãos) estão todas elas submetidas à lei da centralização: cada uma dessas unidades torna-se, em sua organização interna, cada vez mais adaptada às leis de qualquer empresa e, na sua relação com as outras, cada vez mais dependente do poder central. Um magistrado encontra-se hoje na mesma posição que um funcionário. A autonomia da corporação dos magistrados tornou-se uma ficção: a polícia ou o prefeito determina cada vez mais a posição dos magistrados, ao passo que antigamente a magistratura constituía uma corporação com sua força própria, uma corporação capaz de defender um certo número de direitos e de exigências e possuindo uma autonomia. Do mesmo modo, a universidade foi, durante um período, uma corporação autônoma; agora é uma corporação flexível, uma colônia ocupada pelos poderes externos, o Partido Comunista, a UDR, os interesses financeiros dos poderes tecnocráticos etc. Ela não existe mais como corporação autônoma. Pode-se dizer o mesmo de um certo número de sindicatos que se tornam empresas de quadros e geram uma força em um sistema geral da economia, mas não representam mais unidades próprias. Veem-se exercer no interior de um sindicato as mesmas leis que no interior da UDR ou outras organizações.

Paralelamente a esse nivelamento e a essa homogeneização das estruturas socioeconômicas, vemos surgirem unidades sociais de um outro tipo, que ainda não estão efetivamente organizadas. Elas se manifestam por movimentos jovens (que não são exatamente estudantes, porque justamente se recusam à separação estudantes-trabalhadores, com dificuldade, mas o problema está, mesmo assim, colocado), ou por grupos de consumidores, associações contra a poluição etc. Algo de outro tipo de terra: outras formas sociais devem se constituir em relação umas com as outras, segundo o modo de uma pluralidade de poderes. Essa gênese ainda obscura é atualmente repelida, reprimida por um poder político central que, simultaneamente, depende cada vez mais dos grandes poderes tecnocráticos e financeiros. As minorias étnicas colocam justamente um problema desse tipo, ainda que de um outro modo. É verdade que há uma diferença de qualidade entre essas unidades sociais: o problema da mulher não é o problema do bretão, nem o do consumidor. Mas encontros e analogias desenham-se em pontilhados. Eles tendem a constituir uma pluralidade de grupos não centralizados e colocam o problema global da estrutura da sociedade. Interesses próprios são defendidos onde nem os sindicatos, nem os partidos políticos, nem a universidade são mais capazes de fazê-lo. Também as minorias levantam elas próprias uma questão *geral* relativa ao tipo das nossas sociedades. Esse problema não deve ser obliterado pelas suas primeiras manifestações, nem se deixar repelir como um particularismo pelos poderes centralizadores que neutralizam os grupos de pressão capazes de colocar em causa um sistema geral.

— *Você crê que a reivindicação etnonacional deva exercer um papel particular no cruzamento dessa multiplicidade de reivindicações minoritárias, de reivindicações de autonomia?*

Sim, completamente. Com relação ao movimento que caracterizou a segunda metade do século XIX e a primeira metade do XX e que arrastava o campesinato e os habitantes das províncias para Paris ou para a cidade (o fluxo levava o campo para a cidade, os habitantes das províncias para a capital), começa-se a verificar, em muitas sociedades, um refluxo. As cidades americanas, por exemplo, veem seus centros se esvaziarem e os membros das classes médias retornarem para os campos, de modo que a separação cidade/campo se torna agora arqueológica: nessa sociedade pós-urbana, encontraremos cada vez mais, no centro das cidades, os grupos mais proletarizados e, nos "campos" do passado, os grupos mais ricos e mais tecnocratizados. Há uma reversão do movimento.

De um lado, a revivescência dos campos, a renovação dos provincialismos e de um certo número de autonomias inscrevem-se nesse movimento geral. Até mesmo no nível cultural a possibilidade de enfrentar o problema bretão como um problema importante para a sociedade francesa está ligada ao refluxo econômico, turístico e burguês do qual acabamos de falar. Já é um movimento geral que diz: "A Bretanha, o Languedoc, a Provença são fundamentais". Também a pesquisa científica, o urbanismo, a história ou a arqueologia interessam-se cada vez mais por tudo que acontece nos campos. Esse retorno para as províncias é um pano de fundo sobre o qual se desenham as reivindicações autonomistas.

Porém o interesse fundamental das minorias étnicas, ocitanas, bretãs... é querer dar a esse retorno do repelido, a essa renovação do interesse pelas províncias, uma significação política; é o de não permitir que ele se inscreva somente no movimento homogêneo de um refluxo dos tecnocratas para os campos. De fato, as categorias sociais que retornam para os campos representam uma urbanização do campo. Elas colonizam o conjunto do território francês com investimentos, com preocupações, um tipo de comunicação cultural elaborado anteriormente na cidade. Ora, o movimento bretão, beneficiando-se, por um lado, desse refluxo vindo do exterior, pretende exatamente posar como autônomo e não somente como dependente da cidade ou do interesse novo dos promotores dos campos. Em outras palavras, o movimento bretão coloca o problema que é eliminado por esse desenvolvimento sociotecnocrático das províncias na lógica de uma sociedade capitalista. Ele enfrenta o problema de maneira diferente daquela sob a forma de uma relação imediata entre, de um lado, indivíduos (o burguês ou o patrão que vai se instalar em Beg-Meil) e, de outro, um sistema econômico. O movimento bretão restaura uma mediação necessária: a intervenção do grupo local envolvido. Nesse caso, não será somente uma lei geral da sociedade que arrastará os indivíduos para as províncias: há uma realidade coletiva própria da Bretanha que não pode ser assimilada, apagada pela ação unicamente da lei socioeconômica.

Essa interferência do grupo bretão como tal reintroduz na análise econômica, finalmente abstrata, a vontade política dos membros pertencentes a um grupo próprio. É justamente o fato de poder fazer triunfar uma politização da evolução econômica que se constata no conjunto de uma sociedade. A ideologia de todo movimento liberal ou capitalista tem como característica considerar os fenômenos sociais apenas sob o ângulo de uma lei geral em sua relação com vontades individuais. Ela apaga da história os conflitos e as relações entre grupos ou entre classes. Ela elimina, desse modo, o querer coletivo. O movimento bretão (que tomo sempre como um exemplo) reintroduz a vontade de um grupo de homens que pretendem impor, em um certo número de setores, as escolhas que lhes são comuns.

O imperialismo do saber etnológico

– Uma questão talvez paralela: Tem-se a impressão de que muitas pessoas, e entre elas em primeiro lugar os etnólogos, Emmanuel Terray por exemplo, encontram atualmente certa dificuldade em definir o que chamamos "a etnia".

Não, não se trata de uma questão paralela. Ela é fundamental. Uma etnia é um objeto de saber, ou antes aquilo que um grupo define por seu ato? Por exemplo, não há negritude enquanto se trata de uma coleção de objetos ou de temas culturais, um objeto criado pela análise etnológica. Há negritude apenas a partir do momento em que há um sujeito novo na história, isto é, quando homens optam pelo desafio de existir. Acredito ser fundamental essa definição de um grupo desde a série de revoluções do fim do século XVIII: uma unidade social somente existe quando assume o risco de existir. O que constitui uma etnia não é o fato de que um etnólogo ou sociólogo possa definir em algum lugar o bretão como o objeto de seu interesse e de um saber. Esse "objeto" é, aliás, constantemente "fugidio": pois o *a priori* do método etnológico "suprime" *o ato* pelo qual os bretões se tornam bretões e falam, em seu nome, com a linguagem da sua vontade de viver, os elementos culturais analisados pelo observador. Ora, não se pode fazer abstração do ato que *mantém* juntos todos esses elementos. Na medida em que desejamos definir objetivamente os bretões, nós os reduzimos aos dados descritos por um quadro econômico ou arqueológico: *há*, em Carnac, uma economia de um tipo especial; *há* alinhamentos megalíticos... Mas, "fundamentalmente", esse quadro não é suficiente. Ele "esquece" o essencial. Acrescentamos, desse modo, os problemas políticos: há unidade política apenas a partir do momento em que um grupo se dá por objetivo e por tarefa existir como tal.

– *A Bretanha começa, portanto, a nascer...*

Sim. Com um certo número de dificuldades que os acontecimentos nos mostram, não somente na Bretanha, mas também em outras regiões onde reencontramos os mesmos problemas: Catalunha, Quebec francesa.

Essa unidade surge inicialmente sob uma forma cultural porque é desprovida de meios próprios tanto do ponto de vista político quanto do ponto de vista econômico. É característico, a esse respeito, que esses movimentos de minorias nasçam nas regiões que foram exploradas pelas sociedades majoritárias: por exemplo o sul da Itália, Quebec, a Ocitânia forneceram à Itália do norte, à França central ou nórdica, ao Quebec inglês, homens e riquezas que permitiram a instalação de poderes centrais. Mas atualmente, na Itália do sul ou em Quebec, dá-se conta dessa opressão. A vontade autonomista surge, portanto, como a tomada de consciência de uma repressão, mas, por isso mesmo, está associada a uma ausência de meios socioeconômicos para defender essa autonomia.

Para essa questão não há uma resposta pronta. Por exemplo, na Ocitânia: quais são os meios políticos e econômicos de que dispõem os ocitanos com relação às suas reivindicações culturais? É muito fácil ver que as grandes empresas industriais, químicas, aeronáuticas da região de Toulouse ou que os poderes políticos, por intermédio dos prefeitos, dos presidentes das câmaras municipais, da polícia etc., não pertencem à Ocitânia. O autonomismo é cultural porque, em primeiro lugar, não tem poder. Há aí uma tensão que se verifica em cada um dos casos. Não haverá, portanto, autonomia sem lutas. Não se poderá fazer a economia de um conflito de forças. Seja qual for o movimento que pretenda defender uma autonomia deve se preparar para isso, de um modo ou de outro. Impossível agarrar-se à teoria política elaborada em qualquer gabinete, nem à difusão cultural. São metáforas ou declarações de conflitos futuros, se realmente se toma a sério a reivindicação autonomista.

– Há uma real ligação entre a etnologia e a vontade de centralização e/ou de colonização. Os países colonizadores foram sempre verdadeiros negadores de cultura.

A etnologia não é inocente. Ela representa uma das formas da colonização. Fiz a análise no nível da cultura popular:[4] o interesse que a etnologia tem pela cultura popular tem como postulado uma relação de forças entre a burguesia à qual pertencem esses etnólogos e a massa ou o meio que se tornam o objeto de seu olhar observador. O problema é que a etnologia não confessa, ou antes oculta, essa relação de forças; ela a postula. Não há mais necessidade do militar. Pode-se, a partir de então, dispensar sua presença imediata junto ao etnólogo, uma vez que as opressões econômicas e sociais do sistema inteiro permitem ao etnólogo elaborar seu discurso sem ter de explicitar sua relação efetiva com as estruturas da opressão socioeconômica...

De uma maneira mais geral, toda posição de saber que estabelece como objeto uma categoria de homens implica, para seu funcionamento, uma relação de força e de dominação; ela supõe que, sob esse aspecto, esses homens não são mais inteiramente sujeitos e cidadãos. Por exemplo, nos grupos de negros que pude ver em Los Angeles ou em Chicago, e em outros lugares também, olha-se a cultura negra de outro modo, faz-se dela uma análise diferente da etnologia ou da sociologia dos brancos. Seja qual for a historiografia ou etnologia, permanece sempre o sintoma ou a bandeira do meio que a elabora. Isso até mesmo nos seus métodos técnicos. Desse modo, nossa historiografia privilegia os documentos escritos, isto é, interessa-se somente pela categoria social que é homogênea à dos autores e dos leitores dessa história. Na verdade, 99% da população de que falam nossas histórias não escreve. O discurso historiográfico impõe como história *da* sociedade uma tautologia que faz com que sempre "os mesmos" (aqueles que escrevem) sejam os autores, os leitores e os privilegiados por esses estudos. Todo o "resto" é silenciosamente reprimido por esse círculo do "mesmo".

Toda historiografia, ou toda etnografia, representa a acentuação de um poder sobre um ou outro desses dois modos. Desse modo, não é possível a um movimento minoritário se apoiar em uma reivindicação política. É preciso que ele mude também a cultura. É impressionante ver, por exemplo, como a autonomia algeriana permitiu uma historiografia algeriana; como a independência de Cuba permitiu a introdução no discurso cultural desses *cimarrones*, escravos negros fugitivos cujas vozes nunca se haviam feito ouvir e que jamais haviam participado da criação da cultura. A fundação política de uma unidade social é a condição de possibilidade de uma cultura nova...

Porém, quando falo de regiões que ascendem politicamente à independência, não quero dizer que a autonomia política regule todas as questões. Em alguns países africanos, há hoje uma dependência muito maior do que no tempo em que não haviam obtido sua independência política. O desaparecimento dos gastos impostos pela colonização representa uma economia para os países colonizadores que não têm mais os mesmos encargos, e as vantagens consideráveis no nível dos investimentos financeiros, das vendas de produtos industriais ou dos câmbios comerciais... portanto, para eles tudo é lucro. Como diz Sempé, não há nada mais simples.

A língua da autonomia

– Do ponto de vista da autonomia cultural, a língua levanta um problema "absoluto"? Na Algéria, alguns dizem: "Kateb Yacine, que é apenas um escritor francês..."

É como se disséssemos que apenas haveria independência cubana se os cubanos tivessem constituído uma língua cubana particular. Não é verdade. Mais ainda, ter tido uma língua própria (como é o caso atualmente dos bretões) pode ser enganador. Na medida em que se situa esse problema em um nível democrático e político, cabe hoje aos bretões definir as condições culturais que lhes permitem ser aquilo que querem ser. O modo de expressão que outrora foi o seu não é necessariamente aquele que vai constituir hoje a expressão de uma unidade bretã. Tomar a língua bretã como um absoluto, isso é que *pode* ser reacionário. É talvez ir de encontro à evolução em curso, econômica e linguística, e paralisar o progresso bretão... Na Algéria, impor o árabe em todos os domínios teria conduzido a uma paralisia do desenvolvimento científico, técnico e cultural: do mesmo modo, decidiu-se ensinar as ciências exatas em inglês ou em francês. Desde sua independência, a Algéria aceitou, sobretudo nos primeiros anos, um "afrancesamento" do conjunto da população, justamente porque a alfabetização, e portanto a confirmação da autonomia sociopolítica, exigia temporariamente a introdução do francês. Agora, um movimento linguístico inverso torna-se possível lá. A língua é um meio, não um fim em função do qual se deve decidir tudo.

Na França, recentemente, reivindicou-se que se elimine o vocabulário inglês introduzido na língua francesa. Não é uma reivindicação reacionária? Ou uma regressão para o vocabulário gaulês das utopias antigas. Corre-se o risco de ceder à mitologia do originário.

Na realidade, há situações linguísticas muito diferentes. Por exemplo, a utilização do bretão na Bretanha e a utilização do catalão na Catalunha correspondem a funcionamentos heterogêneos: fala-se comumente catalão na Catalunha; não se fala comumente bretão na Bretanha. Querer impor o bretão como o signo essencial de uma autonomia seria privilegiar alguns velhos, ou melhor, alguns especialistas. É possível encarar uma política de bretonização da língua a longo prazo. Uma política se caracteriza pela articulação de uma tática com uma estratégia. A autonomia diz respeito à ordem da estratégia; a língua diz respeito à ordem da tática. É possível, por exemplo, que a bretonização da Bretanha passe por um momento de apagamento da língua bretã. Não sei, é uma questão em aberto. Mas, de todo modo, não se pode considerar a língua como um fim, sem fazer dela um tabu. A verdadeira língua da autonomia é política.

Notas

1. Palavras registradas [em 1972] por Patrick Mignon e Olivier Mongin.
2. Larzac, "Décolonizer l'histoire occitane", in *Les temps modernes*, novembro de 1971.
3. *Commune en France: la métamorphose de Plodémet*, Fayard, 1967.
4. Ver acima, capítulo III (L.G.).

PARTE III
POLÍTICAS CULTURAIS

8
A ESTRUTURA SOCIAL DO SABER

Devemos tirar as consequências práticas e teóricas da busca de uma criatividade democrática, ou de uma participação ativa de todos nas representações comuns. Práticas e teóricas: a conjunção torna-se crucial, quando a crise coloca em debate a articulação do poder e da representação, depois de ter iniciado com uma contestação dos saberes que fornecem à vida social um instrumento operacional e uma interpretação, uma ferramenta e uma imagem (a psicologia, a sociologia etc.). Uma separação perigosa entre aquilo que se diz e aquilo que se faz[1] requer um trabalho que não deixe de lado a teoria – a ciência política, o estudo da sociedade, a economia ou as concepções da história e da cultura. A relação da teoria com a ação é contestada pela revolução simbólica de maio [1968], de onde seu caráter global: trata-se do *todo* quando se coloca em dúvida *a relação de uma sociedade com seu próprio sistema de representação*. Maio não é a história de um fantasma, imagem que se agitaria por um momento no tecido da vida cotidiana. Um problema de estrutura abre-se com uma dissociação do saber e do fazer. Interrogamo-nos sobre nossas *concepções*, subitamente cobertas, como por uma sombra, pela realidade que elas acreditavam designar; um *funcionamento* parece comandar os saberes tidos até então como estáveis e determinantes; uma *organização* cultural está em jogo com nossa distribuição de setores onde se elabora o saber e de setores onde se realiza a produção – ampliação da crítica que visava, em maio de 1968, à divisão entre estudantes e operários. Uma "inquietação" nova sacode o chão da nossa sociedade.

O deslizamento que desarmoniza uma camada latente e uma camada explícita do país levanta questões globais que será preciso ter a coragem de discutir. Com efeito, o fenômeno produzido aponta talvez para uma civilização esse grau de maturidade no qual o fruto desponta e se divide, onde o sentido parece desertar das estruturas, onde a busca da identidade conduz para longe da cidade. Desse modo, anunciar-se-ia um fim e o começo de algo diferente... Talvez também a exigência que levava tantos manifestantes a protestar contra uma sociedade e instituições *que não dizem a verdade* mostre-se inútil, seja porque essa exigência não possa ser satisfeita por *nenhuma* sociedade, seja porque ela não possa mais sê-lo por aquela à qual pertencemos, quando a confiança que ela tinha em si própria e na sua linguagem desaparece, deixando apenas um vestígio: a segurança em virtude dos objetos que ela produz. É importante também distinguir essas duas hipóteses.[2]

De um ponto de vista histórico, é impressionante verificar uma vez mais a alternância de breves revoluções ideológicas que contrastam com a longa duração das adesões a um poder central. Talvez ela seja específica a uma situação francesa. O "modelo" centralizador de Luís XIV teria sido indefinidamente reaplicado em seguida (ainda que em nome de princípios diferentes); "terra de tradição estatista"[3] onde reinam a preocupação em definir condições e uma desconfiança (igualitária) com relação às iniciativas "selvagens", e, portanto, uma rígida hierarquização que favorece a centralização burocrática, a França conheceria somente rupturas bruscas, por demasiado ideológicas, por demasiado absolutas para não serem compensatórias e destinadas ao fracasso. Ou então é específica a uma mentalidade latina, como sugerem as origens e o desenvolvimento da democracia, tipicamente nórdicas (?), assim como os conflitos, que subjazem às nossas sociedades modernas, entre hierarquizações "romanas" e comunidades protestantes?

Sob uma perspectiva mais sociológica, a distinção, já bem conhecida,[4] entre a função "explícita" e a função "latente" das instituições sociais adquire uma importância crescente. Também deveremos analisar por que, e como, sua divergência se desenvolve e o que ela significa. Do mesmo modo, a história das ideias convida à reflexão acerca do processo que reduz atualmente tantas teorias ou representações antigamente fecundas a ser apenas efeitos de superfície, indícios ilusórios de uma realidade que as põe de lado assim que as admite como suas representantes. Um deslocamento dissocia, em todas as organizações, sua teoria da sua ação, de modo que os partidos, os sindicatos e muitas vezes as Igrejas não estão mais no lugar onde dizem estar... Todas essas questões, os fatos recentes as levantam.

Uma concepção da cultura: Elite e massa

A título de exemplo, desejaria focalizar apenas uma concepção da cultura que somos levados a reexaminar também – uma daquelas que determinam nossa análise das situações: a articulação elite/massa. Na medida em que o acontecimento resiste a essa grade conceitual, ele nos obriga a revisá-la e se introduz, assim, em nossa representação do real, reorganizando-a. Desse modo, uma costura pode ser feita, eliminando já, nesse campo particular, a brecha entre "o que acontece" e "o que se pensa".

De saída, um indício entre milhares. Parece bastante evidente que os acontecimentos de maio de 1968 podem ser compreendidos apenas pela intervenção de "grupelhos", isto é, de uma "elite" perigosa, capaz de abarcar um grande número de manifestantes e de colocar em circulação ideias subversivas. Uma minoria pensante e ativa permitiria, sozinha, dar conta de um movimento maciço. Essa interpretação ressurge em diversos pontos do horizonte político ou científico. Ela não é produto de um partido. Também não desejo examinar se ela é acompanhada de um elogio ou de uma crítica desses grupelhos. Atenho-me aqui somente a um "modelo" cultural: a ideia, postulada como uma *evidência* do espírito e um procedimento *normal* da compreensão, de que um fenômeno de *massa* se explica pela ação de uma *elite*; de que a multidão é por definição passiva, arregimentada ou vítima, segundo os "líderes" desejem seu benefício ou dele se desinteressem. De onde se concluirá que é preciso protegê-la por uma arregimentação orientada para sua felicidade e substituir os maus "responsáveis" pelos bons.

Esse postulado, os últimos acontecimentos o realçaram melhor porque faziam com que toda explicação se submetesse a um crescimento que revelava sua trama. Porém ele já estava presente nas nossas concepções da cultura, dos partidos ou das estruturas sociais. Ele dominava a "filosofia" implícita de estudos que não *viam* na cultura popular de outrora senão uma difusão tardia e uma degradação das ideias transmitidas por investigadores ou círculos eruditos.[5] Essa ideia inspirou a instituição que, no entanto, mais tem trabalhado pela promoção cultural, mas fixando-a em quadros. A partir de 1880, o ensino primário estruturou uma coesão nacional e marcou profundamente a cultura e a sociedade francesas. Ele também, difundindo a instrução (um saber: o que se deve aprender) e a educação (uma moral cívica: o que se deve fazer), não acelerou a destruição das culturas locais? O imperialismo cultural, que era o avesso de uma grande ambição social e centralizadora, não criou essa "incapacidade" que consiste em não ser conforme aos critérios das ciências distribuídas do alto, intelectualizou a cultura em detrimento de outros tipos de experiências e, portanto, empobreceu as regiões por meio daquilo que fortalecia a centralização?[6] O processo é mais visível ainda nos exames. Aqui, uma seleção estabelece percursos escolares segundo o modelo de uma hierarquia social e filtra a inteligência segundo as normas ou os hábitos de um grupo sociocultural: os "ineptos" são excluídos não somente de *uma* cultura, mas *da* cultura (uma vez que o sistema que os elimina de uma "instrução" os rouba também de suas tradições próprias) e, não tendo outro meio de se avaliarem senão conforme o critério único imposto pela escola (mas também pela família, pelo meio), eles se marginalizam a si mesmos; tornando-se esses "autodegredados" de que fala Pierre Bourdieu,[7] finalmente cúmplices, apesar de si próprios, do sistema que tende a perpetuar as relações de força existentes.

A partir de então, a política dos *mass media* parece ampliar, mas não modificar, essa concepção social da relação entre a elite e a massa. Ela fornece a um imenso público as imagens e a informação fabricadas em laboratório. A organização dos sindicatos, dos partidos ou dos movimentos da Ação Católica evidencia também uma estruturação análoga; tende a fazer da "base" o receptáculo das ideias ou dos programas elaborados nos altos cargos, nas "sedes" do pensamento e da direção...

O que haveria de surpreendente que as revoluções ou os movimentos de independência somente tenham podido ser pensados, nos altos cargos, conforme esse modelo e, portanto, como o resultado de uma minoria agitadora?

Segundo esse princípio, bastaria destruí-la para eliminá-los. Muitos cálculos ou políticas fundam-se sobre essa "evidência" cultural. Ela não poderia levá-los senão ao fracasso. Mas o reflexo social é tão poderoso que o insucesso não parece atingi-lo. Ele parece ter se tornado, ele talvez seja atualmente uma segunda natureza, a partir de então constitutiva de uma civilização de origem latina e medieval cujo oligopólio e cujo monopólio teriam incessantemente consolidado a estrutura subsistente. Por um processo de concentração, a tecnocracia "burguesa" moderna a reforçaria constantemente, de modo que todas as nossas concepções ocidentais da cultura secretariam a mesma substância sob formas variadas, impondo a todas as nossas técnicas e nossos famosos "valores" assim como a nossa cronologia e nossas grades intelectuais.

Que outra explicação haveria, também entre nós, para o silêncio do campesinato na nossa história francesa? Como saber o que foi essa "arraia-miúda", não somente na Idade Média mas no passado, senão mediante aquilo que dela conservaram e filtraram os letrados e os oficiais de justiça? Uma ignorância compacta relega "a massa" ao esquecimento. Ela se apoia, sem dúvida, no privilégio que possui a escrita, na repressão que exerceu sobre o oral e sobre as expressões *diferentes*, transformadas em "folclores" nas fronteiras de um império. Mas esse privilégio é o de seus titulares, os letrados. Ele funda a certeza, nascida com eles, postulada por sua posição, de que se conhece a sociedade inteira quando se sabe o que eles pensam. Os eruditos mudam o mundo: é esse o postulado dos eruditos. É também aquilo que eles somente podem *repetir*, sob mil formas diversas. Cultura de mestres, de professores e de letrados: ela cala "o resto" porque se quer e se diz a origem do tudo. Uma *interpretação teórica* está, portanto, ligada ao *poder de um grupo* e à estrutura da sociedade onde ela conquistou esse lugar.

Sem ir em busca das fontes e das causas no passado, acrescentemos somente que uma tal "evidência" postula a *transmissibilidade* dos "valores" (como se diz) segundo um modo *centrífugo*. Tudo vem do centro. Tudo parte do alto. Do mesmo modo, a lei que quer que tudo dependa de uma "elite" fixa igualmente para a transmissão da cultura uma via descendente e *hierárquica*: a cultura vai do pai aos filhos; do professor aos alunos; do ministério ou dos funcionários aos administrados e, segundo uma palavra técnica notável, aos "assujeitados".

"A multidão adquire vida"

Sob essa moldura, a realidade, contudo, moveu-se. Recentemente, Oscar Lewis constatava já que, contrariamente à "visão confortavelmente estereotipada" que toma os camponeses por "uma força essencialmente imobilista e conservadora na história humana", eles "exerceram um papel importante, senão crucial, em pelo menos quatro grandes revoluções", e isso, como lhe mostrava Pedro Martinez, porque tiveram na Revolução "uma participação ativa" o suficiente para se "identificarem com seus ideais".[8] No sistema de interpretação do americano foi uma surpresa. Uma fala, a de um camponês asteca, erguia-se da imensa região dos silenciosos. E em Lewis, sociólogo preocupado em se apagar para dar-lhe voz, ela revelava uma crítica de sua *sociedade* norte-americana e, ao mesmo tempo, levava à revisão de uma posição *teórica* postulada por essa sociedade. Uma representação da cultura era modificada por essa primeira forma de uma "conquista da palavra".

Um deslocamento análogo delineia-se já por toda parte, ainda que presente apenas nas manifestações artísticas. Desse modo, uma teoria nova do teatro, por exemplo, caminha a par com a transformação dos espectadores em atores: uma concepção pulveriza-se, a partir do momento em que uma experiência teatral (simbólica) rompe a fronteira entre "atores" e "público" e onde este se torna também ator, ao participar de uma ação simbolizadora comum. Porém isso é ainda uma ação de laboratório, ou embrulhada em celofane. De uma maneira mais geral e menos reconhecida, esse deslocamento modifica o equilíbrio das famílias ou das universidades que "desorganiza" ou reorganiza a *autonomia* das "crianças". Ele atinge as filiações da lembrança e as do patriotismo. A própria possibilidade de uma "transmissão" torna-se problemática. Cada geração, a da Libertação, a da Algéria etc., o que ela ensinou à seguinte? A relação das gerações modifica-se no mesmo ritmo que a existente entre culturas ou nações contemporâneas. Algo de novo se transforma na história com a independência política de culturas até então submetidas a uma grade intelectual ocidental e, entre nós, com a autonomia social dos jovens, que acarreta o desaparecimento dos *nossos* filhos ou dos *nossos* estudantes.

Como *a criança*, segundo Philippe Ariès, nasceu nos séculos XVI e XVII como categoria social e cultural,[9] o *jovem* poderia certamente ter surgido no século XIX, com a extensão do secundário, as exigências crescentes da formação técnica, a universalização do serviço militar e a constituição do tipo literário do "adolescente" poeta. É no século XIX que, pouco a pouco, o jovem deixa de participar diretamente das estruturas profissionais. A aprendizagem separa-se das profissões. Agora lhe são dedicados um tempo e um meio à parte. Mas se trata de um espaço de privilegiados.

Atualmente, ao ampliar desmesuradamente esse espaço, *os jovens* adquirem um outro significado. Ainda que eles vejam o tempo da informação intelectual se prolongar, sua irresponsabilidade crescer na mesma proporção e também (?) o jogo (ainda que o da delinqüência), a ocupação dos cargos pelos adultos se enrijecer e acentuar o rigor das seleções, um fenômeno compensador lhes dá também um outro papel: o saber muda de campo; a experiência profissional perde seu prestígio; a educação permanente torna-se necessária para todos: a autoridade da idade desvaloriza-se. Na brecha aberta pelo adolescente do século XIX, a juventude de meados do século XX entra e cria um império, mas de um tipo diferente. É uma nova categoria na nação e ela desloca a coordenação hierárquica daquelas que lhe preexistiam. A juventude impõe-se ao mesmo tempo ao comércio (como consumidor) e à produção (por sua adaptabilidade etc.).[10] Ela sofre a adulação nostálgica dos adultos que, nisso, dependem dela. Por ser portadora de seus sonhos, obtém deles suas reivindicações contra eles próprios. Não fizeram dela muitas vezes sua "reserva" preciosa e secreta? Eles próprios têm necessidade dessa "redução" (que é, relançada para o futuro, seu paraíso perdido) e a temem (por isso protegem seu presente com ela). Uma reciprocidade substitui, portanto, a "transmissão" ou a "integração" de outrora.[11] Instaura-se uma organização nova. Mas ela não é ainda *reconhecida* juridicamente. Insinua-se como um vício das estruturas antigas, ainda que, na realidade, inaugure uma estrutura nova, isto é, *outras* relações entre categorias que se transformaram. Mais do que uma rejeição da geração precedente pela seguinte, em virtude de um conflito, a mutação visa a um novo tipo de relações entre elas. Não é a ruptura que se busca, mas a comunicação, com base em um deslocamento social e mental já inserido nos fatos.

Brutal ou gradativo, esse movimento coloca em debate o privilégio característico de uma sociedade e da concepção que ela tinha "da" cultura. Ela irrompe entre nós. Foi "incompreensível", mas por que senão pelo fato de que não mais correspondia aos sistemas de análise construídos com base em um outro modelo? Ou antes ele foi "captado" apenas na medida em que era recuperado nesse modelo antigo. O acontecimento abala, portanto, toda a estrutura do *saber* assim como a da *sociedade*. É certamente normal que essa sociedade ameaçada utilize seu saber para se defender (o que significa também para "compreender" a crise, mas compreendê-la de maneira que "nada lhe aconteça"). É normal que, segundo a lei de seu pensamento, "intelectuais", atualmente, reduzam a novidade a uma mera repetição de seu passado cultural, mas desvalorizado por sua vulgarização, ou à ação de uma "elite" concorrente. É normal que eles classifiquem assim, segundo hábitos mentais inerentes à sua "posição", o fato grosseiro que eles não querem nem podem "conhecer". Tudo isso é normal. Porém, não é verdadeiro. Como se verifica em outro lugar, uma experiência ocorreu, inevitavelmente: "A multidão adquire vida, destrói em cada indivíduo o mito da sua inércia abstrata."[12]

"A multidão" teria, pois, ela própria mudado? Só Deus sabe se as ciências humanas usam e abusam dela sob a forma do "quantitativo". Instrumento de rigor, necessário nesse caso, a multidão esconde talvez ainda, por trás dos métodos que excluem o acontecimento e que eliminam as particularidades, o postulado de uma "inércia abstrata" da turba. Talvez seja o resultado extremo, no cálculo, daquilo que permitiu o expansionismo cultural e técnico de *uma* sociedade, mas ao preço de uma escolha que esse desenvolvimento implica e revela por toda parte: o anonimato da massa, a inércia da multidão. Sabemos que o mesmo não ocorre em outras civilizações nas quais se desenvolveu um outro tipo de pensamento. Na origem de uma ciência, há sempre opções éticas e culturais. Atualmente, os *a priori* históricos e sociais do nosso saber são mais claramente revelados como tais pelo acontecimento.[13]

Não que *se deva* substituir uma "evidência" por outra. Trata-se de uma questão crítica. Não podemos mais tomar como uma evidência aquilo que o era até então. As experiências mudaram nossas certezas. Nenhuma teoria foge a isso. Toda ciência humana deve introduzir a suspeita em seu próprio desenvolvimento para interrogar sobre sua relação histórica com um tipo social. Ela está vinculada a *uma* forma de cultura. Para se definir novamente, deve fazer uma análise contestadora da civilização que ela postula.

Entre uma sociedade e seus modelos científicos, entre uma situação histórica e o instrumento intelectual que lhe é adequado, existe uma relação que constitui um sistema cultural. O acontecimento pode mudá-lo, acontecimento ao qual é preciso adequar as representações culturais assim como as instituições sociais. No saber, ele se traduzirá *ou* por uma recusa – mas então também pelo papel novo e oculto a partir de então destinado a concepções tornadas arcaizantes –, *ou* por um deslocamento explícito, isto é, pelo surgimento de teorias correspondentes a uma experiência cultural diferente. Visto sob esse viés, e somente sob ele, a obra de Marcuse nos permitirá delimitar esse problema, uma vez que ela reuniu em uma mesma indagação o desenvolvimento da nossa civilização e o das ciências ditas humanas.

O funcionamento do saber na sociedade de consumo (Herbert Marcuse)

Do seu passado revolucionário, Marcuse[14] parece ter conservado o gosto pelos conceitos lapidados como blocos. Seus instrumentos intelectuais são pesados, mas porque visam à eficácia. Há nele uma qualidade *Time Magazine*. É porque ele deseja tornar visível um funcionamento. Para ele, nossa sociedade está tão submissa à lei do "rendimento" que toda oposição à ordem social, política ou religiosa se acha assimilada pelo sistema e não deixa mais subsistirem das resistências – contudo necessárias a uma dinâmica social – senão seus vestígios "ideológicos". Deseja-se ou acredita-se ainda se referir a uma *outra* dimensão do homem;

na realidade, ela é eliminada pelo desenvolvimento da civilização que captura toda atividade na armadilha cerrada da produção e do consumo. Em termos heideggerianos (que não são os de Marcuse), poder-se-ia dizer que o pensamento que conta, que calcula e que absorve indefinidamente sua operação produtiva faz com que se esqueça ou deixe fugir o pensamento meditativo, sempre "à procura do sentido que predomina em tudo aquilo que existe".[15] Em Marcuse, esse pensamento "meditativo" é contestador; ele é essencial ao homem que recusa ser apenas o instrumento do trabalho ou o objeto da comercialização. Mas essa recusa pode ser somente fictícia.

De fato, uma lógica social desloca setores primitivamente autônomos, sem que o saibam, e coloca-os a seu serviço, sem que sua teoria se dê conta desse funcionamento tácito. Desse modo, as reivindicações sociais transformam-se em fontes de *lucro* (o enriquecimento das classes pobres garantindo a venda uma clientela); as contestações espirituais, em terapêuticas úteis à ordem (uma "adaptação" não cessa de ajustar o ideal à "realidade" e, portanto, de suprimir a resistência indagadora de um absoluto); o pensamento "negativo", signo de uma alteridade irredutível, em um funcionalismo que faz do "operacional" e, portanto também, da *eficácia* o critério intelectual e social das "operações" racionais (viés pelo qual o interesse geral orienta a pesquisa privada para o comercializável).

Desse modo, as oposições que extrairiam sua origem de uma contestação necessária exercem pouco a pouco, com uma doutrina muitas vezes imutável, um papel contrário ao que proclamavam: elas conservam sua bandeira, mas são arregimentadas para o serviço de uma necessidade anônima. Elas são efetivamente reempregadas de modo diferente do que dizem suas teorias. Tornam-se *ideologias:* iludem, contentam-se em oferecer à liberdade um álibi que mascara sua docilidade efetiva com relação ao "capitalismo", que se tornou, segundo Max Weber, "um sistema de escravidão sem senhor".

Essa forma da "repressão" discreta organizada pela civilização americana corresponde a uma situação atual. Pertence ao tipo histórico. Ela se articularia com uma repressão mais estrutural, de tipo psicossocial: o "princípio do prazer" é sempre reprimido por uma sociedade. "Nossa civilização está fundada na repressão dos instintos." A frase é de Freud, retomada por Marcuse. Mas esses instintos *reprimidos* são também, por um "retorno do reprimido", *representados* na linguagem que os censura. Lapsos individuais ou coletivos, disfunções e sinais de toda espécie deixam aparecer esse "reprimido", incessantemente retomado e dissimulado nas próprias expressões da repressão. Indubitavelmente, é possível ampliar desse modo o pensamento de Marcuse.

De tempos em tempos, uma falha vulcânica abre violentamente, de baixo, uma brusca consequência na linguagem. Uma lava, já metamorfoseada por sua irrupção a céu aberto, afirma aquilo que a repressão fez do reprimido. Com efeito, se a história do homem é a história de sua repressão, "o retorno do que foi reprimido" constitui, entretanto, permanentemente, um subsolo perigoso, vida secreta e ressurgimento de cada civilização, sob a forma de um instinto sempre sacrificado à lei e constantemente ameaçador. Uma revolução encobriria o âmago das sociedades, atestada pela própria repetição de seus malogros. Cada palavra significaria a violência de um *desejo* irreprimível, mas na linguagem social que o reprime e o "trai" (no duplo sentido do termo: iludir e revelar) com *necessidades* que se devem satisfazer ou que são satisfeitas.

Duas espécies de "repressão" associam-se, portanto: uma, inerente a toda sociedade, a outra, característica de uma situação presente. Marcuse designa a segunda "subrepressão" e considera uma reduplicação da primeira. Essa arquitetura tenta organizar um sobre o outro o histórico (economia) e o estrutural (psicologia).

Porém aqui devemos nos separar de Marcuse, para levar a sério o problema colocado por ele. Com efeito, quando ele crê falar de *realidades* (econômicas e psicológicas) para mostrar sua nova combinação, defronta-se antes com os dois grandes *sistemas de interpretação* aos quais qualquer um recorre hoje para compreender o que acontece: o marxismo e o freudismo. Cada um desses sistemas é datado: a segunda metade do século XIX e a primeira metade do XX. Eles próprios estão inseridos na história. Ora, ao analisar o desenvolvimento recente da sociedade, Marcuse mostra-nos um deslocamento não somente nas "ideologias" que ele examina, mas também nas ciências às quais se refere: na sua obra, apresenta-se uma coreografia que inverte o papel primitivamente atribuído a cada uma delas. O marxismo, instrumento teórico de uma revolução apoiada no exame crítico das relações de produção, teria se tornado uma força utilizada pela sociedade de consumo. Inversamente, o freudismo, que passou por um método que facilita ou restaura a integração dos indivíduos na sociedade, manifestaria a irredutibilidade do impensado constituído pelo "princípio do prazer" reprimido e subsistente.

Marcuse foi levado a produzir esse quiasma utilizando duas "ciências humanas" hoje cardeais, porque deseja analisar o desenvolvimento "monstruoso" da sociedade de consumo americana. Ele não pode explicar *aquilo que se tornou a civilização* sem que sua demonstração se refira igualmente *ao que essas duas ciências se tornaram*. Descrita como a emergência de um novo sistema social, uma história (ou um devir) é legível na reaplicação dos dois sistemas científicos, isto é, na distância que separa do seu emprego primitivo o seu funcionamento atual. Saber e sociedade "movimentam-se" simultaneamente.

O que Marcuse *faz* dessas ciências (quando, segundo sua necessidade, deseja descrever essa evolução global), ele o *diz* também, mas indiretamente; ele observa o deslocamento das categorias sociais sobre as quais elas haviam fundado um tipo de investigação: o papel criador e revolucionário do *trabalho*, para o marxismo; a função repressiva e dominadora do *pai*, no freudismo. Segundo ele, o trabalho deixou de ser criador, uma vez integrado no sistema da produção; além disso, ele é sobretudo esforço, dor e tédio, compensados pela liberdade alienada do lazer. Por sua vez, o pai parece ter se apagado como figura social, substituído pelo anonimato de uma sociedade cuja lei se impõe, visto que nenhum personagem fornece mais uma contraface à revolta dos sujeitos.

Seja qual for a justeza da análise marcusiana, o procedimento que ela segue e as questões teóricas que coloca são cruciais. Por um lado, o *método* que torna possível o exame da civilização consiste em exumar os pressupostos *sociais* da psicanálise (estando o papel do pai ligado a um tipo de civilização), ao mesmo tempo que em retomar as categorias marxistas como estruturas *psicológicas* da sociedade (inserindo-se o trabalho em uma repressão mais essencial). Em outras palavras, Marcuse supera um fechamento das "especialidades" – ou uma antiga classificação das ciências – para poder captar globalmente um sistema novo. Mas, se é verdade que a consideração de um *todo* diferente é formulada com a crítica recíproca das ciências elaboradas em função de uma outra época, de que instrumento apropriado à nossa dispomos? Parece que uma etapa nova da civilização não é ainda perceptível senão no interstício (nesse espaço deixado pelo rastro das constelações intelectuais ao se deslocarem), ou antes pelo entrecruzamento de ciências proporcionalmente a uma etapa passada.

É essa, de fato, *a questão teórica* aberta por *Eros and civilization* e *One-dimensional man*, se admitirmos, como essas obras visam provar, que o "conflito das classes" (determinado pelas relações do trabalho com o capital) e a rivalidade com o pai (em uma estrutura familiar e social fortemente hierarquizada) tendem a se tornar conceitos inadequados ao real. Embora recuse as facilidades de um "culturalismo" que, no fundo, é apenas um empirismo malpurificado,[16] Marcuse oferece-nos o espetáculo de uma nova lógica social à qual corresponde apenas um pensamento apaziguado. Ele o reconhece (um pouco mais que desejaria) pelo tipo de associação que opera entre marxismo e freudismo: para revisar e coordenar os instrumentos dos quais dispõe, para ajustá-los à realidade que quer explicar, ele os reúne por uma espécie de colagem que não convence.

Por exemplo, ele procura determinar *onde* se encontra ainda uma resistência que restitui ao homem sua segunda "dimensão" na sociedade industrial. Ele precisa encontrar *em algum lugar* uma verdade ou uma inocência de onde possa nascer uma sociedade da felicidade. Com isso, talvez, ele se assemelhe ainda a seus mestres. Freud percorria a história dizendo: há um morto em algum lugar; mas tudo lhe indicava um ausente, um pai morto. Quanto a Marx, distinguia em toda parte uma força organizadora da sociedade, o nascimento do proletariado. Marcuse imita a ambos, sem rigor. Ele fixa um mesmo papel para a oposição que nasce com os excluídos sociais e para aquela que ressurge sempre com o retorno do prazer reprimido: o *Lumpenproletariat* e a arte teriam uma mesma função de "recusa", com relação ao universo unidimensional. A ideia é interessante. Ela se ajusta a um fato: a aliança que certas sublevações recentes revelam, ao associar a miséria à poesia. Mas, como um rótulo, a ideia designa antes o fato do que sua análise. Ela casa por demasiado apressadamente um resto de marxismo com um resto de freudismo para obrigá-los a dizer que a "verdade" ou a saúde encontram-se no mesmo lugar.

É verdade que esses dois sistemas guardam entre si essa semelhança de ser geologias que explicam a configuração do solo com relação às infraestruturas fundamentais. Mas nessa relação eles não colocam a "realidade" no mesmo lugar: o primeiro a situa em algum lugar na infraestrutura econômica; o segundo se nega a fixar-lhe um lugar, ou antes toma-a incessantemente como representada *e* perdida na relação recíproca da resistência e da repressão. Ao cruzá-los, Marcuse produz conceitos híbridos com noções elaboradas em virtude de procedimentos analíticos diferentes; além disso, atribui-lhes o papel de preencher um mesmo buraco, de encobrir a falta de uma "segunda dimensão".

Para ele, trata-se de saber se a "verdade" social tem ou não um lugar; se as chances do homem são localizáveis; e, consequentemente, se a resistência ou a "grande recusa" tem em algum lugar seu princípio, do qual dependeria o futuro. Ele *quer* apontar com o dedo o lugar de onde pode partir uma revolução e *sabe* que não é aquele que o marxismo indicou. Ele explica, portanto, pela análise freudiana da repressão social, o fracasso das revoluções "marxistas" e investe em uma liberação instintual, fonte de uma completude "erótica" do homem na natureza, a esperança marxista da sociedade sem classes.

Quando ele passou, com armas e bagagens, da revolução marxista à revolução freudiana, conservou da primeira o "modelo" de uma topografia da oposição e talvez tenha encontrado na segunda como justificar sua decepção ou seu ceticismo.[17] Aquilo que, como marxista, sob uma perspectiva econômico-social, havia considerado como o lugar da revolução e da força da história – o proletariado –, ele mantém como um lugar a partir de então "retomado" e integrado na civilização presente; mas conserva a ideia de fixar em algum lugar a resistência cujo fracasso o freudismo lhe permitirá explicar. Sua leitura de Freud permanece marxista, na medida em que ela transpõe indevidamente para o campo da psicanálise uma distribuição dos papéis ou das forças que tinham sentido apenas em economia ou em sociologia. Suas obras tomam um ar, fascinante, mas parcialmente enganador, de uma época trágica.

É uma *Ilíada*. Ela nos apresenta uma guerra dos deuses, luta de *Eros* e *Tânatos*, do "instinto de prazer" e do "princípio da eficácia" e outras abstrações. Revolucionário lúcido, mas cada vez mais desiludido. Sob esse aspecto, o *One-dimensional man* marca um claro retrocesso com relação ao otimismo (puramente "profético") revelado em *Eros and civilization*, obra que levantava a hipótese de uma liberação como uma espécie de "deus *ex machina*". Porém seu pensamento continua a vacilar entre um milagre futuro que ele somente poderia capturar renunciando a si próprio, e o *funcionamento* totalitário cujas características novas e repressivas ele analisa. Instalado na sua *villa* de La Jolla [Califórnia] como em um Olimpo que domina poderes opostos, ele acompanha os combates jamais encerrados. A vitória não muda de campo, mas não poderia ser admitida: com efeito, identificado com os "pobres" ou com os artistas, David é sempre vencido por Golias; sua funda, proclamando uma verdade reprimida, emite apenas palavras impotentes.

Não é menor sua coragem – que provoca sorrisos nos "especialistas"[18] – de abrir o processo contra a sociedade na sua *totalidade*. Mas ele adapta um *método* ao *objeto* do exame, uma vez que seu estudo sobre a possibilidade da revolução no sistema atual está ligado a uma tentativa de superar a compartimentalização das ciências humanas. Com isso, ele demonstra – o que é fundamental – que uma mudança atinge ao mesmo tempo as divisões sociais e as classificações científicas; que ela diz respeito a uma práxis e sua teoria; e, enfim, que ela é *vivenciável* apenas se for *pensável*, em seguida a um deslocamento do pensamento. Ele o faz também de uma maneira que *indica* (ou simboliza) um problema *global*, sem poder lhe proporcionar um instrumento conceitual adequado. Quem o fizer melhor que lhe jogue a primeira pedra! Por esse duplo aspecto de sua obra, ele nos aponta uma tarefa. Ele reúne também as questões levantadas a partir de 1968, ainda que se possa repetir, a respeito de Marcuse, a frase de Talleyrand depois da queda de Villèle: ele deixa um vazio maior do que o lugar que ocupou.

Estruturas sociais e sistemas de representação

Suposto avô dos "raivosos" de Nanterre (na realidade, isso não é absolutamente verdade), Marcuse combina duas modalidades de uma interrogação atual sobre as chances e o sentido da nossa sociedade. Pode-se pensar como ele que elas são indissociáveis e, abstraindo de sua obra, pode-se estabelecê-las da seguinte maneira:

1. Uma mesma oposição contestadora apresenta-se sob duas formas heterogêneas (ao menos se as julgamos segundo as classificações anteriores) que têm em comum ser o efeito de uma repressão sociocultural: aquela, "burguesa", de uma *intelligentsia* (desiludida do benefício que esperava de privilégios universitários, ou lúcida sobre a natureza do "serviço" que a sociedade lhe exigirá); aquela, "proletária", dos excluídos sociais, dos marginais culturais – estrangeiros, subculturas dos "pobres", *lumpenproletariat* etc. Há aqui o começo de uma *reorganização social*, se uma *mesma* força pudesse se constituir com base em setores hoje *separados* pela organização atual da sociedade.

2. Trata-se também de uma *reorganização das ciências humanas*. Nascidas de uma história (a do século XIX e início do XX), a economia marxista e a psicologia freudiana foram deslocadas pelos acontecimentos posteriores, mas esse deslizamento ainda não recebeu o estudo teórico de uma outra divisão das ciências; ele intervém apenas sub-repticiamente, a título de seu novo funcionamento. A ordem

da razão obedece já a uma lei que ainda lhe escapa. Mas ele deve representá-la pela sua própria reorganização. Os objetos definidos e inventoriados pelas ciências nascidas recentemente ("o proletariado", por exemplo, ou "o inconsciente") correspondiam a métodos de investigação; não podem ser considerados realidades imutáveis; estão ligados à organização científica que devia explicar e permitir a análise de *uma* situação humana. Um passado é investido em uma teoria científica e em seus "objetos". Uma história mais recente requer, portanto, uma estruturação nova para os departamentos do saber e é assim que ela será expressa.

Encontramos indícios desses dois aspectos da mudança cultural no curso da crise de maio sob a forma de uma interrogação (mas que permaneceu à margem do sistema cujo refluxo de junho chamou de realidade). Nada há de surpreendente nisso, uma vez que a contestação dizia respeito a uma *organização* da sociedade *e* de suas representações. Alguns exemplos mostram que o questionamento da "ordem" remetia à mudança de uma *razão*.

1. A associação dos estudantes "burgueses" e da "súcia" é apenas um indício de uma tentativa, muito mais essencial, de *superar*, como "trabalhadores", a *divisão* entre operários e estudantes. Uma divisão tornava-se arcaica em razão de um deslocamento já ocorrido; mas o fato não era ainda reconhecido pelos aparelhos de Estado e pelas teorias que carregam o peso das suas origens históricas; ele se traduzia somente pelo que haviam *se tornado* os estudantes e os operários e pelo deslocamento homólogo das concepções que eles supostamente "representavam".

Uma revisão das estruturas está igualmente implicada no movimento que vê hoje a cultura sob o aspecto de uma solidariedade com os "excluídos". Ele pretende superar uma classificação, deslocando assim um tipo de organização. A própria delimitação torna-se o lugar "tático" de uma revisão *global*. Desse modo, os senhores Bourdieu e Passeron partem dos "eliminados" para tratar da cultura acadêmica ou do exame em geral:[19] não que os eliminados definam eles próprios aquilo que deve ser a verdadeira cultura (como se a "verdade" fosse a deles)! Mas o problema de uma cultura que seja a linguagem de todos está além das cisões que postula uma delimitação fundada em critérios sociais. Do mesmo modo, muitos estudos contestam uma divisão *geral* da civilização quando *recusam a fronteira* criada pelo isolamento de uma cultura "operária", de uma "França pobre" ou de uma "outra América":[20] ainda que seus autores se considerem apenas como exploradores de uma "outra" região, não devem ser lidos como se devêssemos preferir um lado ao outro; na verdade, seus estudos negam a linha de demarcação e é por isso que eles colocam em debate um sistema sociocultural. Por toda parte "a contestação é `negativa', na medida em que é exterior às divisões e às disciplinas da sociedade estabelecida".[21]

2. A revisão da compartimentalização entre disciplinas faz igualmente parte de um deslocamento cultural. O estatuto teórico de cada disciplina diz respeito menos à definição que ela dá de si mesma do que à sua relação com as outras, isto é, com sua inserção em uma mesma rede de determinações recíprocas.[22] Uma renovação, portanto, não é possível quando nos encastelamos no interior de uma (ou de cada) disciplina: ratificamos então, necessariamente, o sistema que implica seu lugar particular na constelação de uma classificação epistemológica ou, mais diretamente, na organização desse universo do saber que é "a universidade". Somente há revisão estrutural na interdisciplinariedade, onde a *relação* pode ser percebida e discutida, onde fronteiras e divisões significativas de um sistema podem ser contestadas.

Sob uma forma "selvagem", tais seriam exatamente os propósitos e o procedimento das reformas visadas em maio último. Por exemplo, a relação entre assembleias gerais e comissões mostrava como se deslocam simultaneamente agrupamentos sociais e divisões de disciplinas. O papel da assembleia, como indício de uma certa "universalidade", consistia menos em elaborar projetos do que em criticar as situações postuladas por um trabalho de comissão e em explicitar as consequências teóricas, a fim de permitir uma outra estruturação. De certo modo, essa crítica revelava a relação de uma *disciplina* com uma *situação* histórica; ela tornava possível uma revisão dos saberes ao trazer à luz um dado original: na própria localização de um projeto reformista estavam envolvidas as relações entre as ciências, uma posição diante dos alunos. Uma disciplina devia ser determinada de um ponto de vista global, em assembleia geral, para que se mostrasse e pudesse ter seu funcionamento tácito modificado ou sua história esquecida.

Em outras palavras, uma revisão *teórica* das disciplinas não poderia senão colocar em debate suas articulações mútuas e revelar todo um sistema de relações históricas e sociais – que é também uma combinação de lugares ocupados e de poderes mantidos. Inversamente, *a ação* particular dos estudantes para sair do isolamento (que viam como um cercamento, um *ghetto*) e para se solidarizar com os operários não podia mais deixar de referir-se também às estruturas do pensamento que definia a relação elite/massa ou a transmissão do saber (pelos pais, pelos letrados ou pelos responsáveis) – pensamento que se reencontrava nos aparelhos "da oposição", somente substituindo uma hierarquia de partido a uma hierarquia de classes (doutrinas ou forças contrárias não são, afinal, diferentes; elas proporcionam umas às outras organizações mentais homólogas unicamente pela força do sistema que as conjuga).

No primeiro caso, uma discussão teórica remetia a uma associação de poderes; no segundo, uma práxis contradizia uma "divisão" (no sentido em que falamos da divisão das ciências) e apelava para uma conceitualização diferente, capaz de dar à categoria de "trabalhadores" um papel determinante em uma combinação social diferente.

O resultado e o sentido de uma crise consistem em revelar articulações e coerências latentes, mais exatamente porque um deslocamento profundo os traz à luz apenas mediante seu desenraizamento. Será possível, por conseguinte, fragmentar o problema apresentado e dividi-lo em questões segundo as circunscrições constituídas por uma ordem – ou uma *razão* social – doravante deslocada? Essa é a opção de um reformismo estreito. Ele pretende explicar um deslocamento *global* apenas do interior de divisões ou em função de categorias exatamente ligadas à estrutura social posta em debate. Por isso, ele condena a própria questão. Nega-a. Tem uma desculpa, ou uma justificativa, que é também um fato: a "pobreza" dos conceitos ou dos atos que pretenderam exprimir uma modificação do sistema todo. Concluímos com toda segurança que se trata somente de um psicodrama ou de um exutório e que é preciso ser "realista", isto é, reformar cada setor separadamente de maneira a corresponder assim às enfermidades que empanam provisoriamente a retórica de algumas palavras comuns. Essa conclusão é apressada e, creio eu, errônea, como seria aquela que negasse a questão levantada por Marcuse, ao objetar que ele não teorizou sua visão.

Em uma ordem estabelecida, todo movimento profundo somente pode ser *simbolizado* por uma utilização diferente de métodos ou de concepções elaboradas em função de procedimentos por si mesmos epistemologicamente ligados a uma articulação anterior do saber. Esse novo emprego é, portanto, *incorreto* com relação às definições passadas e *inexato* com relação às determinações que uma outra organização tornava possíveis. Assim compreendido, o símbolo é risível. Ele diverte, irrita os especialistas ou os responsáveis que se encontram nos passados agora inexploráveis. Talvez tivessem razão quanto à novidade. Apesar da múltipla emergência de seus sintomas, cada início é frágil, e nenhuma necessidade o duplica para lhe garantir o sucesso. Os herdeiros dos saberes estabelecidos não têm razão, no entanto. Os deslocamentos insinuam-se em seu próprio saber; eles já são perceptíveis nas distorções de seu sistema, tanto quanto na retomada de seus próprios conceitos pelos contestadores.

A política tem vistas curtas quando nega aquilo que traem *igualmente* essas distorções no funcionamento interno e irrupções estranhas ainda desprovidas de formulações novas e "corretas". Ela prepara museus, não uma sociedade. Mais audaciosa e também, afinal, mais lúcida em matéria de saber, é a política que distingue na diversidade dos sinais o símbolo de um movimento geral e, portanto, o indício de uma reorganização a ser feita. Mas, exatamente porque a coragem intelectual não basta, assim como a lucidez sozinha, faz-se necessária uma escolha, ligada à ambição de recomeçar, isto é, de viver.

Notas

1. Cf. M. de Certeau, *La prise de la parole* (1968), nova edição, Seuil, 1994, capítulo V.

2. Dizer, enfim, *verdades* era a reivindicação que dirigia tantas acusações contra a "mentira" das instituições. Mas Julien Freund sustentava, ainda há pouco, que "a sinceridade é uma virtude privada, e não pública" (*L'essence du politique*, Sirey, 1965, p. 161; cf. p. 199). No entanto, até mesmo utopistas (em parte porque nascidas fora dos lugares da responsabilidade política), essas reivindicações atestam cada vez menos um deslocamento da consciência ética, a partir de então transformada em uma exigência *política*: à suspeita que atinge os "valores" investidos nos intercâmbios sociais, deve corresponder a restauração ou a instauração de uma "verdade" das representações e das comunicações.

3. Cf. Andrew Shonfield, *Le capitalisme d'aujourd'hui. L'État et l'entreprise*, Gallimard, 1967, pp. 71-78.

4. Cf. Robert K. Merton, *Éléments de méthode sociologique*, Plon, 1953, pp. 134-168.

5. É em especial o que o próprio Robert Mandrou "constata", ao folhear a "Biblioteca Azul" de Troyes, conjunto de edições populares ambulantes na França do século XVIII (*De la culture populaire aux XVIIe et XVIIIe siècles*, Stock, 1964). Esse estudo exemplar e que tem, infelizmente, muito poucos correspondentes, traz conclusões, ou antes postulados, que parecem discutíveis. Robert Mandrou revela: os livrinhos editados em Troyes retomam tardiamente e simplificam concepções que remontam à astrologia ou à medicina eruditas do século XVI. Mas se pode disso concluir que nos revelam a cultura das regiões onde foram difundidas? Elas representam um *vestígio* da cultura de elite e esse vestígio é precisamente o que os autores ("escudeiros", teólogos etc.) e os editores de Troyes *produzem para uso* dos aldeães e lhes vendem. É uma produção comercial que "desce" dos letrados para o povo, por intermédio desses pequenos editores e que atesta antes a concepção que *os fabricantes* fazem da cultura popular. Que ela seja comprada e lida, isso não prova que explique a linguagem própria aos camponeses da época. Isso poderia provar que eles vivem fora desse circuito "literário", do qual, por outro lado, não se concedem senão restos. Geneviève Bollème, aliás, aponta-o: "Feita para o povo, essa literatura, no entanto, não fala nem dele, nem como ele. O povo está ausente dessas obras escritas para lhe agradar" e por especialistas ("Littérature populaire et littérature de colportage au XVIIIe siècle", em *Livre et société dans la France du XVIIIe siècle*, Mouton, 1965, pp. 66-67). Seria um bom método, hoje, comparar a cultura dos espectadores da televisão com o conteúdo dos programas que lhes são destinados? Isso seria tomar pela expressão de uma experiência local (e sem dúvida *diferente*) o sistema cultural que lhe é imposto do alto e que tende ou a eliminá-la ou a marginalizá-la cada vez mais. Aqui também, até na análise de uma "cultura popular", a grade intelectual de uma elite *postula*, portanto, de antemão, o resultado que a justificará. O fato é tanto mais notável quanto é admirável o livro.

6. Refiro-me em particular à relação, bastante matizada, de Pierre Vilar, "Enseignement primaire et culture populaire en France sous la IIIe République", em *Niveaux de culture et groupes sociaux*, Mouton, 1968, pp. 267-276.

7. Cf. em especial Pierre Bourdieu e Jean-Claude Passeron, *Les héritiers*, edição aumentada, Minuit, 1966; Pierre Bourdieu, "La transmission de l'héritage culturel", em *Darras. Le partage des bénéfices*, Minuit, 1966, pp. 387-405; assim como "L'école conservatrice. Les inégalités devant l'école et devant la culture", em *Revue française de sociologie*, t. VI, 1966, pp. 325-347 etc. Do ponto de vista metodológico, P. Bourdieu apontou no próprio sociólogo os danos de um "etnocentrismo de classe": "Entre todos

187

os pressupostos culturais nos quais o pesquisador corre o risco de se envolver nas suas interpretações, o *ethos* de classe, princípio com base no qual se organizou a aquisição dos outros modelos inconscientes, exerce sua ação da maneira mais dissimulada e mais sistemática" (em P. Bourdieu, J.-C Chamboredon, J.-C. Passeron, *Le métier de sociologue*, Mouton-Bordas, 1968, p. 108, uma página que mereceria ser citada por inteiro).

8. Oscar Lewis, *Pedro Martinez. Un paysan mexicain et sa famille*, Gallimard, 1966, p. 24.

9. Philippe Ariès, *L'enfant e la vie familiale sous l'Ancien Régime*, Plon, 1960.

10. Cf., sobre esse assunto, as reflexões de Henri Lefebvre, *Introduction à la modernité*, Minuit, 1962, pp. 159-168.

11. Cf. M. de Certeau, *L'étranger ou l'union dans la différence*, nova edição, Desclée de Brouwer, 1991, capítulo III.

12. *L'archibras*, n. 4, especial, "Le surréalisme le 18 juin 68", p. 2.

13. Em um relato lúcido e eloquente onde assinalava "o direito de produzir a cultura ou o direito que se reconhece a um grupo social (a rigor a todo indivíduo) de exercer um papel ativo na comunidade", Giulio Argan protestava contra "a ideia de uma cultura monocêntrica com uma periferia organizada em torno de um núcleo luminoso". Nossa cultura tecnológica, acrescentava ele, "é apenas a fase mais atual, e talvez terminal, de um fenômeno cultural estreitamente ligado, a partir do século XVIII, à história do pensamento, da política, da economia européias e americanas"; ela não é "universal". (Relatório para a "Reunião de peritos sobre os direitos culturais como direitos do homem"; Unesco, Paris, 8-13 de julho de 1968.)

14. Cf. sobretudo as três últimas obras de Herbert Marcuse, *Le marxisme soviétique*, Gallimard, col. "Idées", 1963; *Éros et civilisation. Contribution à Freud*, Minuit, 1963; *L'homme unidimensionnel*, Minuit, 1968.

15. Martin Heidegger, *Questions III*, Gallimard, 1966, pp.164-167.

16. "Critique du révisionnisme néo-freudien", em *Éros et civilisation*, pp. 207-236.

17. Muito marcado pelo fracasso da revolução na Alemanha (1918), Marcuse foi, durante cerca de dez anos, com Georg Lukács e Karl Korsch, um dos pensadores daquilo que se chamou "Escola dialética do marxismo europeu". A partir de 1934, ele trabalha na Universidade Colúmbia (Nova York), onde se interessa cada vez mais pela estética e pela psicologia freudiana.

18. De fato, não é em Marcuse que se deve procurar uma apresentação séria das estruturas econômico-sociais. Desse modo, à lenda marcusiana da "sociedade de consumo" (por mais sedutora que ela seja), preferiríamos a análise que John Kenneth Galbraith faz da "tecno-estrutura" (cf. *Le nouvel État industriel. Essai sur le système économique américain*, Gallimard, 1968, pp. 157-173). O exame feito por Galbraith das relações entre a "corporação dos educadores e dos cientistas" e a tecno-estrutura assinala, aliás, os conflitos e se inspira em teses contrárias às de Marcuse (cf. pp. 288-300: "A corporação dos educadores e dos cientistas").

19. Cf. Pierre Bourdieu e Jean-Claude Passeron, "L'examen d'une illusion", em *Revue française de sociologie*, n. especial, 1968 ("Sociologia da educação"), II, pp. 227-253.

20. Cf. René Kaës, *Les ouvriers français et la culture*, Estrasburgo, 1962; Paul-Marie de La Gorce, *La France pauvre*, Grasset, 1965; Michael Harrington, *L'autre Amérique*, Gallimard, 1967; Jules Klanfer, *Le sous-développement humain*, Ouvrières, 1967 etc., para citar apenas estudos facilmente acessíveis. Todas essas pesquisas tendem a restaurar como dado *da* cultura essa realidade ao mesmo tempo marginalizada e fundamental que Oscar Lewis chamava recentemente "a cultura dos pobres" (*Les enfants de Sanchez*, Gallimard, 1963, pp. 28-33), ou "a cultura da pobreza" (em *Économie et humanisme*, n. 174, maio-junho de 1967, pp. 77-81).

21. André Glucksmann, *Stratégie et révolution en France: 1968*, Christian Bourgois, 1968, p. 80.

22. É o que recentemente Michel Foucault lembrava, na primeira parte de sua "Response à une question" (*Esprit*, maio de 1968, pp. 850-874).

189

9
A CULTURA NA SOCIEDADE

Desprovidas dos dados e dos números que se encontram em outro lugar, as notas que se seguem apresentam um esquema voluntariamente despojado. Elas têm por objetivo somente elucidar alguns pressupostos e explicitar algumas escolhas. Essa tomada de posição liga os resultados de análises técnicas a opções sociais e políticas. De fato, não se pode supor que existe em algum lugar um posto de observação de onde se poderiam abarcar o presente e o futuro de uma sociedade. Com relação às visões globais ou prospectivas, a constatação do que ocorreu ou do que ocorre na realidade espalha por toda parte uma dupla crise das programações e dos instrumentos teóricos. O desaparecimento de princípios universais é um aspecto da situação presente. Uma vez que nossos modelos teóricos praticamente não nos permitem pensar o plural de sistemas inter-relacionados ou sedimentados, devemos primeiramente tentar saber como as racionalidades que permaneceram necessárias podem surgir de situações particulares e se inserir na ação.

Abecedário da cultura

A importância crescente dos problemas culturais está inserida em um amplo contexto. Em primeiro lugar, ele se caracteriza pela lógica de uma sociedade produtivista que correspondeu às necessidades elementares da população contribuinte e que, para se ampliar, deve analisar, desenvolver e satisfazer necessidades "culturais" de sua clientela: desse modo, a psicanálise é fonte de lucro para o publicitário; a psicologia é lucrativa na organização da empresa; o industrial acrescenta ou substitui à sua usina a fabricação de dicionários, de discos ou de aparelhos etc.

Acrescenta-se a isso a inadequação das ações ou das planificações econômicas para responder verdadeiramente ao mal-estar que, depois de um certo limite, é gerado pelo próprio progresso (a poluição, a droga, a deterioração do meio ambiente etc. e os grandes descontentamentos coletivos, cujos sintomas são representados por esses fenômenos, característicos do homem que vive "no limite da saturação").[1] Enfim, é preciso apontar a ausência de critérios fundamentais capazes de esclarecer as previsões ou as reorientações que se tornaram necessárias em um sistema cada vez mais à medida de "homens que querem ter algo" e cada vez menos daqueles que "querem ser alguém"...[2]

Mais do que um conjunto de "valores" que devem ser defendidos ou ideias que devem ser promovidas, a cultura tem hoje a conotação de um trabalho que deve ser realizado em toda a extensão da vida social. Por esse motivo, impõe-se uma operação preliminar que vise determinar, no fluxo fecundo da cultura: um funcionamento social, uma topografia de questões ou tópica, um campo de possibilidades estratégicas e das implicações políticas.

As indagações, as organizações e as ações ditas culturais representam ao mesmo tempo sintomas e respostas com relação a mudanças estruturais na sociedade. A interpretação desses signos, cuja espécie prolifera, remete inicialmente ao seu *funcionamento social*.

Uma vez considerada uma ação, devem-se procurar as divisões em função das quais se desenvolve o processo e, com isso, estabelecer uma formulação dos problemas. O tratamento da informação concernente à cultura está condicionado por essa topografia de questões ou "tópica".

Ocorre uma outra etapa, a das seleções. Devem-se especificar objetivos, mediante a análise das situações. Eles devem inserir no mapa alguns lugares cujos critérios sejam defináveis, onde intervenções possam efetivamente corrigir ou modificar o processo em curso. Obtém-se, desse modo, *um campo de possibilidades estratégicas*.

As decisões apontadas por uma estratégia colocam em debate uma organização de poderes. Manifestar essa relação é realizar uma volta ao sistema social mediante *uma análise política*.

Toda exposição relativa aos problemas culturais caminha sobre um solo de palavras instáveis. É impossível fixar uma definição conceitual nesses termos: seus significados estão ligados a funcionamentos em ideologias e sistemas díspares. É necessário pelo menos fixar a utilização que se fará aqui de *cultura* e *cultural*.

O termo *cultura* ocorre em "difusão da cultura", "cultura de massa", "política da cultura" etc. Podem-se distinguir vários de seus empregos, característicos de abordagens diferentes. Ele designará, assim:

a. os traços do homem "culto", isto é, segundo o modelo elaborado nas sociedades estratificadas por uma categoria que introduziu suas normas onde ele impôs seu poder.

b. um patrimônio das "obras" que devem ser preservadas, difundidas ou com relação ao qual se situar (por exemplo, a cultura clássica, humanista, italiana ou inglesa etc.). À ideia de "obras" que devem ser difundidas acrescenta-se a de "criações" e de "criadores" que devem ser promovidos, em vista de uma renovação do patrimônio.

c. a imagem, a percepção ou a compreensão do mundo próprio a um meio (rural, urbano, nativo etc.) ou a uma época (medieval, contemporânea etc): a *Weltanschauung* de Max Weber, a *Unit Idea* de A.O. Lovejoy etc. Essa concepção que atribui a "ideias" tácitas o papel de organizar a experiência aproxima-se talvez da estética social de Malraux, substituta das visões de mundo religiosas ou filosóficas.

d. comportamentos, instituições, ideologias e mitos que compõem quadros de referência e cujo conjunto, coerente ou não, caracteriza uma sociedade como diferente das outras. Desde E.B.Tylor (*Primitive culture*, 1871), este se tornou um conceito-chave em antropologia cultural (cf. os *patterns of culture*). Há todo um leque de posições segundo se privilegiem as práticas e os comportamentos ou as ideologias e os mitos.

e. a aquisição, enquanto distinta do inato. A cultura diz respeito aqui à criação, ao artifício, à ação, em uma dialética que a opõe e a associa à natureza.

f. um sistema de comunicação, concebido segundo os modelos elaborados pelas teorias da linguagem verbal. Enfatizam-se sobretudo as regras que organizam entre si os significados, ou, em uma problemática próxima, a mídia (cf. A. Moles).

Manter aqui o sentido (d) é determinar um nível de análise, com o objetivo de especificar uma maneira de tratar o problema.

Devem-se distinguir *subcultura* e *contracultura*. O primeiro termo designa a cultura de um subgrupo, de uma minoria etc. O segundo remete ao julgamento que uma maioria faz das subculturas e cujas implicações sociais os subgrupos ratificam, muitas vezes, quando a ele recorrem para caracterizar a si próprios.[3]

Cultural aparece em uma série de expressões usuais: "ação cultural", "atividade cultural", "assuntos culturais", "centro cultural", "cadeia cultural", "campo cultural", "discurso cultural", "desenvolvimento cultural", "ambiente cultural", "promotor cultural", "lazer cultural", "política cultural", "revolução cultural", "sistema cultural", "vida cultural" etc. Nesse repertório abundante, alguns pontos de referência serão suficientes.

A *ação cultural*, expressão paralela à "ação sindical" ou à "ação política", designa uma intervenção que liga os agentes a objetivos (ou "alvos") determinados. É também um segmento operacional em que os meios de realização dizem respeito aos objetivos a serem definidos.

A *atividade cultural* situa a atividade em uma cultura aceita e patenteada (cf. sentidos a e b de *cultura*), isto é, na "cultura erudita" (Edgar Morin).

Por *agentes culturais*, entenderemos aqueles que exercem uma das funções ou uma das posições definidas pelo campo cultural: criador, animador, crítico, promotor, consumidor etc.

Qualifica-se de *política cultural* um conjunto mais ou menos coerente de objetivos, de meios e de ações que visam à modificação de comportamentos, segundo princípios ou critérios explícitos.

Por *discurso cultural* deve-se entender toda linguagem que trata dos problemas culturais, na medida em que haja uma relação entre sua forma e seu conteúdo.

O *desenvolvimento cultural* submete à lei de um crescimento homogêneo as reformas necessárias a uma extensão da produção ou do consumo. Uma ideologia da continuidade e, em particular, da invariabilidade do sistema socioeconômico sustenta o conceito de *desenvolvimento* e o opõe àqueles de "revolução cultural" ou de transformações "estruturais".

De fato, o conceito de "desenvolvimento" estende seu poder mobilizador na medida em que os problemas culturais são introduzidos e reclassificados na esfera da planificação. Uma tripla revolução acompanha essa reclassificação tecnocrática:

a. a *temática* cessa progressivamente de apelar para uma origem e uma norma sociais, a cultura popular, para se concentrar na ideia da geração de um presente e da orientação para um futuro;

b. as *instituições*, outrora privadas e militantes, inserem-se cada vez mais em estruturas estatais e em uma administração da planificação;

c. os *objetivos*, que inicialmente visavam a uma revisão do equilíbrio social, voltam-se para a organização de técnicas, de organismos e de profissões (animadores, promotores culturais etc.) dotados de valor instrumental com a finalidade de facilitar a participação em uma política definida alhures, em altos escalões.

Um funcionamento social

A título de primeira aproximação, como *descrever* os componentes que produzem o amálgama globalmente qualificado hoje como "cultural"? Alguns elementos surgem das análises correntes.

A valorização do saber

A racionalização científica e técnica das sociedades europeias diminui progressivamente o valor e a rentabilidade do trabalho de produção direta. Ela o substitui pela automatização e o marginaliza. Desvia a massa do trabalho humano para a preparação, a organização ou o controle da produção. Privilegia o saber.[4]

Pouco a pouco, uma nova categoria de técnicos, agregada à máquina automatizada, substitui o número hoje crescente de trabalhadores manuais que a industrialização durante mais de um século mobilizou nas usinas para se desenvolver. Uma "economia de recursos humanos" dá partida a essa mobilização quantitativa. Ela exige "investimentos nos seres humanos", mas, quando esses investimentos são racionalizados, realizam-se segundo os princípios de uma seleção que favorece os mais bem colocados, segundo a idade (os jovens), o lugar (as cidades novas), a condição social (a "nova pequena burguesia").

Uma reestruturação da vida privada com relação à vida profissional

Nos países europeus, que permanecem, sob muitos aspectos, sociedades tradicionais, as adaptações às exigências técnicas do trabalho deixam intactas, ou atravessam de modo brutal, embora superficialmente, as estruturas profundas da vida afetiva e das referências pessoais.

A necessidade de criar novos estilos de vida não está somente ligada a atrasos da vida privada com relação à vida profissional, mas a uma tensão propriamente ocidental: a vida cotidiana atual contraria uma convicção coletiva que se tornou estrutural no Ocidente há quatro séculos, a saber, que deve haver uma conexão entre o trabalho produtivo e o desenvolvimento pessoal. Essa ideia parece estranha às sociedades antigas ou medievais (como a sociedade japonesa, aparentemente), nas quais a manifestação pessoal está deliberadamente situada em um outro campo que não o do trabalho.

Uma vez que, na profissão, desenvolve-se um distanciamento com relação ao trabalho – o do jogo, do cinismo ou do tédio –, no campo privado, resistências impenetráveis enraízam-se em investimentos abortados. Essa tensão faz-se sentir de preferência nas nações onde o espaço é mais fechado, a história, mais longa, a coerência, mais forte.

Ter de reencontrar um espaço, ressituar-se com relação às instituições da vida privada (familiares, matrimoniais, residenciais, locais), inventariar formas de manifestação segundo o acaso, explorar outros *estilos de vida* constitui a fonte de debates, de pesquisas e de reações que compõem atualmente uma expressão cultural. Enfim, são formas de vida que as pesquisas mais instigantes vivenciam e criticam atualmente.

A sociedade do espetáculo

Uma vez que a capacidade de produzir é na realidade organizada segundo racionalidades ou poderes econômicos, as representações coletivas se folclorizam. As instâncias ideológicas metamorfoseiam-se em espetáculos. Excluem-se das festas tanto o risco como a criação (a aposta pelo menos mantém o risco). As fábulas para espectadores sentados proliferam nos espaços de lazer que tornaram possível e necessário um trabalho concentrado e "forçado". Em compensação, as possibilidades de ação acumulam-se onde se concentram meios financeiros e competências técnicas. Sob esse aspecto, o crescimento do "cultural" é a indexação do movimento que transforma o "povo" em "público".[5]

Será o fim das militâncias? À desmistificação das ideologias sobrevivem, contudo, militantes sem causa. Eles encontram-se muitas vezes nos lugares onde se constroem novos mitos: por exemplo, nas cidades novas, que se constituíram em lugares de exceção, em sinais de coerência reencontrada, em paraísos de uma verdade social. Dois tipos sociais cooperam, desse modo, para a construção desses pontos de referência simbólicos onde espetáculo e produção se conjugam: os militantes convertidos em agentes culturais, e os planificadores transformados em "promotores culturais".

Um neutro: O cultural

Na linguagem, "a cultura" torna-se um neutro: "o cultural". É o sintoma da existência de um bolso para onde refluem os problemas com os quais uma sociedade está em dívida, sem saber como tratá-los. Ali estão guardados, isolados de seus laços estruturais com o surgimento de novos poderes e com os deslocamentos sobrevindos nos conflitos sociais ou nas determinações econômicas. Acaba-se, portanto, por imaginar que a cultura possua uma autonomia indiferenciada e flexível. Ela se caracteriza como um não lugar onde todos os investimentos são possíveis, onde pode circular "o que quer que seja".

Quando não se encerra na estatística e na precisão analítica dos dados, o discurso cultural cai nas generalidades e reaplica resíduos doutrinais (políticos, filosóficos, religiosos). Esse discurso universal é o museu onde se reinstalam alguns conceitos extraídos de sistemas que tinham outrora seu rigor ("humanismo" etc.). A ideologia ressurge assim, sub-repticiamente, no cultural – uma ideologia de bricolagem, um saco ideológico, mas que anuncia, sem dúvida, uma outra coisa.

A própria política dita cultural[6] é muitas vezes vítima dessa neutralidade – apesar dos estudos e dos aparelhos de Estado de que ela dispõe – quando recorta uma "dimensão" cultural abstrata na organização da sociedade para tratá-la à parte. É uma "política" estranha, pois os problemas políticos aí foram apagados. Ela faz "como se" (por outro lado, sabe-se que isso não é verdade) fosse possível esquivar-se de pagar o preço global de toda mudança em qualquer setor que seja.

Uma topografia de questões

Entre muitas outras, três rupturas parecem significativas, embora sua gravidade varie segundo os setores. Elas não se reduzem a efeitos de deterioração no sistema. Caracterizam-se, antes, como uma transmissão entre algo que acaba e algo que começa.

Instituições e iniciativas

As instituições públicas capazes de ser designadas como "culturais" na França (não somente a administração dos museus ou dos teatros etc., mas sobretudo a educação nacional, o ORTF etc.) tornam-se flexíveis quando se avolumam. Incapazes de dominar as forças que aí se infiltram e que as controlam, sem ter de se exporem, essas grandes corporações são igualmente inaptas a regular, articular ou sequer "auxiliar" as iniciativas que germinam abaixo ou para as quais, de vez em quando, as relações pessoais significam a sorte grande. A ciência da ação elabora-se nos laboratórios, muito longe dessa realidade.

Em si mesmas, as instituições obedecem a um duplo jogo: se sua fachada é a de organismos públicos, o poder que nelas reside pertence a grupos sociais que se estabelecem como proprietários da inovação e a trustes que monopolizam seus meios. Essa divisão interna tem como consequência o desenvolvimento marginal de contraculturas nas bordas de cada estrutura (educação, imprensa, teatro etc.): um formigueiro sob a grama, uma vida multiforme corresponde ao que a legenda oficial chama *underground*. Entre organismos públicos colonizados por interesses particulares e essa renovação das iniciativas privadas, como seria possível uma regulamentação?

Essa situação mostra ao mesmo tempo a existência de uma criatividade e a natureza das instituições culturais em um país tradicionalmente amante das situações adquiridas e paralisado pelas burocracias. A inovação acha uma boa saída, mas sob a forma de irrupções aleatórias ou de isolamentos destinados a permitir originalidades. Os organismos públicos continuam ativos e até mesmo se ampliam; mas caem na armadilha de sua vitória sobre a mudança, empobrecidos pelo exílio ou pela repressão de toda oposição efetiva e privados, desse modo, não de poderes, mas de poderes que lhes sejam próprios.

A expulsão das iniciativas para a marginalização atesta, enfim, um apagamento da diversidade. O que se perde desse modo, o que é eliminado publicamente é aquilo que sempre suscitou e fecundou até agora a vida cultural e biológica das sociedades humanas: as diferenças qualitativas. O conformismo triunfa com o desenvolvimento quantitativo em posse dos mesmos grupos. Seu sucesso camufla oposições internas; constrange o heterogêneo a ressurgir apenas sub-repticiamente. Parece carecer, portanto, de existência social.

Cultura e passividade

Instalada nos lazeres onde representa como um todo a compensação do trabalho, a cultura de consumo desenvolve nos espectadores a passividade da qual ela já é o efeito. Ela representa o setor onde se acelera, mais do que em qualquer outro lugar da nação, o movimento que reduz o número dos atuantes e multiplica o dos passivos.

Parece que quanto mais aumenta o tempo *concedido* ao lazer (e é um progresso), menos o lazer é *escolhido*. A informação, sobretudo (imprensa, televisão, vídeo etc.), reserva a um círculo cada vez mais estreito de produtores a posse ou a utilização de instalações cada vez mais caras. O ensino exerce a seleção social por meio de uma hierarquização que dispõe os níveis intelectuais segundo os poderes de grupos ou de classes: assim, o superior cria brechas cada vez maiores entre grandes escolas, universidades, institutos [universitários] técnicos.[7] Os financiamentos dos esportes dirigem-se mais à competição do que à educação de massa. Apesar das intenções declaradas, as Casas da Cultura estão, enfim, a serviço de privilegiados culturais e sociais. Muitas tentativas ou reformas parciais não chegam a modificar a lógica de um sistema. São as seleções orçamentárias e os programas de fomento que favorecem, na realidade, um malthusianismo da criação.

Essa situação associa no conjunto da nação a diminuição dos criadores à multiplicação dos consumidores. A ela corresponde uma nova divisão da linguagem. Onde grupos (profissionais, políticos, religiosos, regionais etc.) organizavam no passado suas convicções em discursos representativos de investimentos afetivos e de convicções coletivas, a desmistificação das ideologias acarreta uma redistribuição das linguagens segundo sua operacionalidade.

Uma linguagem da técnica ou da ciência, dotada do poder de transformar, é reservada à elite. Permanece estranha ao conjunto da população à qual é apresentada pela vulgarização como sendo inacessível. Uma outra linguagem, especular, contenta-se com exprimir e apresenta a uma sociedade inteira um espelho destinado a todos e, na realidade, em última análise, fiel a ninguém: é decorativo. Esses dois regimes da cultura não se diferenciam mais pelos "valores", pelos conteúdos, pela sua "qualidade" ou pelas especificidades de grupos. Eles se distinguem por sua relação com a ação. É neste ponto que a cultura se divide e se reorganiza – sendo sua parte menos operante de longe a mais extensa.

Do mesmo modo, a criação é mostrada, e não proposta. A comunicação, a violência e a relação com o poder, o amor e o erotismo, enfim, todas as formas da intervenção "humana" enchem a literatura de consumo, mas porque faltam na experiência prática. A linguagem dá como espetáculo a ação que a sociedade não mais permite. O que o sujeito perde lhe é vendido em objetos de consumo.

Produção econômica e comunicação

Em seu uso antigo, "comércio" designava antes a frequentação das pessoas do que o tráfico ou o negócio das coisas. A limitação atual dessa palavra a um emprego "comercial" pode ser considerada como o indício de toda uma evolução. As trocas medem-se hoje pelas relações econômicas. Finalmente, elas obedecem às leis de uma sociedade produtivista que se tornou incapaz de criar um conjunto de bens que devem ser consumidos (produtos) e, nos compradores eventuais, de "necessidades" correspondentes que devem ser satisfeitas (publicidade). A referência a necessidades naturais é, em uma sociedade desenvolvida, o mito protetor de campanhas que determina a lógica do mercado e que encontra necessidades apenas sob a forma de resistências ou de limites.

Por conseguinte, os conteúdos culturais determinados por essas trocas e veiculados pelos circuitos da imprensa, da tevê ou de outros organismos, o que têm de sério? Eles não exprimem mais as forças que os organizam efetivamente. São tomados de uma ambiguidade que os condena à insignificância (do mesmo modo, a análise literária praticamente não se detém mais nos conteúdos, mas em problemas formais de organização estrutural). No limite, pode-se sustentar seja qual discurso for, uma vez que o sistema que subjaz aos enunciados os conduz aonde deseja. A liberdade de falar pode ser grande onde as palavras e as imagens flutuam, sem determinar as correntes que as carregam. As ideologias conservadoras ou revolucionárias, os personagens os mais diversos, Marx, Freud, Asterix ou Madame Soleil,[8] passam pelas mesmas redes; são todos parecidos e inofensivos porque são igualmente apresentados no mesmo "teatro", onde as trocas reais (econômicas) começam atrás dos cenários.

Consequentemente, as empresas, as administrações, as potências da informação se põem em busca de valores e procuram restaurar as relações humanas. Mas não se pode devolver à linguagem a seriedade por meio de valores fabricados com os restos do passado ou da religião, graças às legendas – filosofia do pobre – que falam de participação, nem mesmo explorando os recursos da psicossociologia para reforçar o sistema preenchendo os fossos da relação. Reciprocamente, a comunicação torna-se uma obsessão na prática social. A imprensa e o rádio iludem ou satisfazem como podem essa "multidão solitária" com as mágicas celestiais, os exotismos do amor fácil ou os terrores da droga. O que se espalha é o sentimento de uma fatalidade. O homem é *falado* pela linguagem de determinismos socioeconômicos muito antes que fale. Para que servem essas palavras que se tornaram não críveis, uma vez que não abrem as portas cerradas e não mudam as coisas? Restam os enigmas ou o humor. Paradoxalmente, uma renovação das mitologias acompanha o progresso técnico da produção.

Será possível aos homens criar para si espaços de enunciação que lhes sejam próprios? Poderão articular critérios de ação com os intercâmbios econômicos e se articular entre si? Será possível se situarem em alguma parte como diferentes com relação a outrem, depois que a informação e a participação social reforçam a cada dia seus efeitos niveladores?[9]

Um campo de possibilidades estratégicas

Como organizar uma regulamentação das iniciativas, reconciliar a expressão cultural com uma atividade construtiva, aliar a comunicação humana à produção econômica? Essas poucas indagações não remetem somente a fatos determináveis, mas a divisões que organizam o crescimento do "cultural". Por outro lado, no seu conjunto, elas descrevem os efeitos de uma situação geral da qual o isolamento do "cultural" constitui apenas um sintoma. Uma vez que são estabelecidas de uma maneira própria com relação aos problemas sociais, econômicos e políticos, as questões culturais fazem com que ressurja em cada um dos seus setores o corte em virtude do qual elas se desenvolvem: se aceitarmos essa autonomia fictícia como postulado da análise, acentuaremos a tendência do "cultural" a tornar-se o álibi de uma política e a formar um tumor inerte no corpo social.

Segundo esse quadro, que teria o objetivo de captar as deficiências, torna-se possível manifestar algumas opções. Para resolver as tensões observáveis, para promover o desenvolvimento cultural sem agravar seu isolamento, uma estratégia terá como finalidade identificar os pontos que permitam intervenções concretas e pertinentes. Ela pode apenas se apoiar em experiências em curso, as únicas capazes de abrir efetivamente possibilidades, mas deve combiná-las em um "campo" segundo critérios que fundamentam as decisões a serem tomadas diante de uma proliferação de projetos e de iniciativas.

As unidades socioculturais em via de formação

Dois desses pontos estratégicos parecem-me particularmente importantes.

A alienação está hoje ligada ao isolamento do cultural. Os movimentos sociais têm exatamente como objetivo e como resultado quebrar o círculo do cultural e revelar os poderes estabelecidos que ele oculta. Eles explicitam ou restauram as relações das situações culturais (do trabalhador, da mulher, dos jovens, dos que estão em férias etc.) com o modo de relações sociais mantido por sistemas econômicos.

Uma outra constatação é a de que as formas atuais de conscientização manifestam ao mesmo tempo a transformação dos organismos políticos ou sindicais que representavam até agora os interesses e as convicções de coletividades: eles funcionam de maneira diferente, seja porque sua clientela se fragmenta e se reclassifica parcialmente em outro lugar, seja porque se tornam instituições de poder que trabalham cada vez mais no interior do sistema estabelecido (é a tendência dos sindicatos)[10] e fornecem doravante pontos de expectativa, pontos de referência que tornam possível um outro tipo de experiência, seja porque sua ideologia deixa de ser crível, uma vez que ela não mais exerce um papel efetivo na vida do país (assim evoluem os programas dos partidos).

Relativas a esse deslocamento na geografia profunda do país, as manifestações ditas "selvagens" apresentam um tipo de movimento cuja forma é "cultural", pois seus participantes não podem mais exprimir suas reivindicações nos quadros sociopolíticos tradicionais. Porém isso não ocorre por falta de um alcance político. Um novo recorte social, uma outra concepção do "político", de novos tipos de problemas entram em jogo. Vimos recentemente a economia "instrumentalista" americana tomar-se de suspeitas quanto aos modelos teóricos e seguir a escola chinesa ao adotar o "método terra a terra" (*tu-fa*) para um retorno às possibilidades e às questões, tal como elas emergem da prática. Do mesmo modo, pode-se considerar essas manifestações "selvagens" como pontos de partida, como indícios das mudanças em curso, no momento em que as concepções globais deixam de estar acomodadas.

Assim, a ação que visa consolidar uma cultura "operária" não corresponde mais às vontades expressas pelos próprios trabalhadores, ciosos de uma participação na cultura comum e pouco dispostos a se deixar encerrar em um universo próprio.[11] Apegar-se a esse programa antigo é congelar o recorte que uma opressão socioeconômica criou no século XIX; é contrariar uma evolução, talvez também servir a ideologias ou instituições estabelecidas.

Vemos nascerem associações que não mais obedecem às mesmas divisões. Elas reúnem os usuários de ônibus ou de parques de diversões, os habitantes de uma cidade poluída pela manutenção de usinas, as pessoas em férias exploradas nas praias etc. Apresentam alguns traços característicos.

Surge aí um novo *recorte social*, que corresponde mais às relações reais entre o poder de decisão e a lei do consumo do que aos cortes tradicionais entre operários e burgueses, entre trabalhadores manuais e trabalhadores intelectuais etc.

Esses grupos formam-se e identificam-se graças à possibilidade reencontrada de *se situar em algum lugar*, em uma relação com as outras forças. Um conflito manifesta-se no interior do sistema que o obliterava. Pelo fato de se distinguir de outras posições, os membros tornam-se capazes de se comunicar entre si e de analisar uma situação concreta.

O campo no qual se produzem novos laços entre o econômico (a situação dos consumidores) e a política (a distribuição dos poderes) é definido *em termos "culturais"* (comunicação, lazer, ambiente etc.) Questões novas na sociedade encontram, desse modo, uma representação.

Não se pode dissociar aqui o ato de compreender o meio ambiente e a vontade de mudá-lo. A "cultura" dele recebe uma definição: não é possível exprimir o sentido de uma situação senão em virtude de *uma ação empreendida para transformá-la.* Uma produção social é a condição de uma produção cultural.

Com esse caso particular, portanto, surge um tipo de ação cultural pertinente com relação a questões globais. É verdade que se trata de um fenômeno instável e muitas vezes efêmero, pois atravessa as instituições existentes em vez de se apoiar nelas. Ele é o sintoma e o experimento de um feudo na geografia social, e não a profecia de uma solução ou um exemplo a ser seguido. Mas uma linguagem própria se subtrai ao universal abstrato da "cultura". E por que, senão pelo fato de enfrentar poderes e visar a transformações? Ele se articula com seus limites e os de outros grupos. Toma corpo em uma ação.

A esse tipo de intervenção cultural correspondem hoje movimentos mais vastos, menos fáceis de circunscrever. Pelo menos é possível apontar o lugar onde emergem. Incoerentes entre si, têm como estilo comum indicar um deslocamento dos equilíbrios adquiridos: associações de mulheres, de jovens ou de consumidores, agrupamentos locais (regionalistas, rurais, urbanos etc.) apresentam as características apontadas mais acima. Eles fogem às determinações tradicionais. Essas unidades esboçam meios novos, não oficiais, de elaboração cultural.

Sustentar seu desenvolvimento constitui uma das tarefas dos serviços públicos. Podem-se utilizar os métodos capitalistas do *job enrichment* praticados inicialmente em certas empresas americanas e destinados a multiplicar as delegações do poder e distribuir mais amplamente as responsabilidades. Melhor ainda, podem-se colocar os meios técnicos à disposição de grupos que se constituem espontaneamente, facilitando experimentos sociais, e não somente culturais.

As articulações institucionais

A experiência mostrou que as reformas introduzidas nas instituições abaladas pela mudança (por exemplo, a universidade) resultam apenas em fracassos e em um agravamento das dificuldades. De um lado, essas reformas supõem que essas instituições sejam um solo de sustentação, ao passo que elas se tornaram em parte o cenário de outros poderes: essas reformas representam, portanto, ficções. De outro, elas julgam poder injetar, em certos setores especiais onde o mal é mais visível, terapêuticas sociais diferentes da política aplicada no conjunto do país, ao passo que, manifestamente, a centralização característica das sociedades contemporâneas "recupera" essas aberrações locais, faz com que elas entrem novamente no sistema geral, mas acarreta, com a degeneração dessas reformas especiais, o descrédito da própria ideia de uma reforma fundamental. Enfim, essas reformas despertam resistências e suscitam reações violentas, porque colocam em debate, com a parte visível de uma unidade institucional, os enraizamentos complexos e nunca inteiramente mensuráveis. Trata-se, portanto, de medidas das quais tal ou tal política pode obter benefícios momentâneos, mas insuficientes e por vezes terríveis a longo prazo.

De um modo geral, tornou-se impossível circunscrever as mudanças necessárias no quadro das organizações tradicionais. Do mesmo modo, concluiu-se pela pertinência de ministérios ou de organismos recortados segundo o padrão que oferecia a manifestação de questões cada vez mais importantes: a cultura, o meio ambiente etc. Esse princípio da *anexação* dominou também a criação de comissões ou de instituições em níveis menos elevados. Não se mantêm, portanto, as unidades existentes. Acrescentam-se outras. Fazem-se complementações institucionais.

Aqui também a experiência é instrutiva. Essas excrescências administrativas estão perigosamente ligadas mais aos sintomas do que à realidade dos problemas com os quais elas devem lidar. Surgem dois tipos de dificuldades. De um lado, a análise dos primeiros dossiês revela a amplitude dos problemas, sua interferência nos domínios reservados há muito tempo a outros poderes, a extensão indefinida dos campos concedidos etc., de modo que, para evitar um desaparecimento no universal, as decisões práticas dirigem-se ao imediato. Mas o mais acessível é muitas vezes o mais derrisório. A atividade divide-se então em duas versões igualmente desproporcionais: considerações demasiadamente longas e medidas demasiadamente curtas. Por outro lado, as administrações antigas, solidamente implantadas e dotadas, adaptam aos seus setores os problemas que ainda dependem delas e que, no entanto, dizem mais respeito à cultura ou ao meio ambiente: as comunicações, o urbanismo, o ensino, a televisão etc. O que resta aos organismos subsidiários? A fatalidade de chegar demasiadamente tarde ou sem forças e o papel de reunir as nostalgias de uma política, as satisfações teatrais dadas ao público e as utopias ineficazes elaboradas por boas intenções.

Contudo, essas medidas abrem caminhos e apontam para a necessidade de reconhecimentos oficiais, à falta dos quais os interesses comuns serão eliminados, privados de representações e de poderes. Mas no nível das instituições, a ação mais urgente para adaptá-las consiste em intervir onde elas se articulam. A ação fixa-se nos pontos em que é possível atingir a própria divisão dos setores e, portanto, os princípios de sua organização como seus conteúdos especiais. É um *trabalho nos limites*.

As ações serão tanto mais eficazes quanto evitem de preferência a padronização, pois a exceção, ainda que contestatória, logo cede, pela vedetização, ao sistema do consumo comercial ou de uma exploração política: ela cai em uma celebridade que a faz abortar. Trata-se, pelo contrário, de criar, em pontos precisos, cruzamentos capazes de fazer com que se manifestem nas instituições seus limites de flexibilidade, as combinações possíveis e, com base em *mistos*, alguns tipos de estruturação apropriados a uma nova sociedade. O principal objetivo não é, portanto, satisfazer "necessidades" (ambição ilusória e fundada, ela mesma, na ficção de necessidades estáveis), mas, aqui também, de constituir, mediante intervenções controladas, laboratórios de experimentação social.

A título de indicação, pode-se distinguir entre essas ações aquelas que ligam instituições fechadas (por exemplo, a formação permanente), as que se realizam segundo sistemas de relações já existentes (essencialmente, a cidade), as que aceleram as interferências entre estruturas sociais e modelos culturais (por exemplo, no ensino, na medicina, nas empresas etc.).

A *Open University* inglesa constitui um exemplo do "misto institucional": a difusão dos resultados está garantida pela conjugação da televisão, da imprensa e da correspondência privada; ela associa-se a estruturas de recepção que permitem a docentes ou "tutores" (*tutors*) avaliar a atividade suscitada pela informação difundida, e a "estudantes" estabelecer localmente relações pessoais com "orientadores" (*counsellors*). Como é normal, esse conjunto faz com que se manifestem problemas estruturais: assim, a pequena proporção de trabalhadores inscritos como estudantes explica-se em parte pelo conteúdo demasiadamente enciclopédico e abstrato do ensino, em virtude das restrições que exerce o sistema de referência universitária ambiente. Ou então a padronização, o papel político e a fama da experiência provocam um processo de marginalização, ou, para evitá-lo, uma reação cautelosa dos responsáveis. Mas o próprio interesse da operação consiste em manifestar a natureza das decisões políticas a serem tomadas, e em apresentar possibilidades reais.

Sistema de relações mais do que lugar unívoco, *a cidade* requer uma conexão de espaços diferenciados entre si (porque definidos cada um pelas sociedades que a habitam) e, todavia, superpostos (aos sistemas que se cruzam em "treliças", acrescenta-se a sedimentação de sistemas históricos). À homogeneidade abstrata de uma racionalidade única, as experiências tentam substituir uma estrutura de pluralidade em que, por exemplo, o *habitat* de uma minoria não tome a forma de abscesso, mas seja reconhecido como um modo espacial de existir entre outros, sem que, no entanto, deles se isole. Quando admitirmos pensar e tratar a cidade não como uma linguagem unívoca, mas como uma multiplicidade de sistemas que fogem aos imperativos únicos de uma administração central, irredutíveis a uma fórmula global, impossíveis de isolar do *habitat* rural, comportando organizações econômicas, mas também sistemas de percepção da cidade ou de associações de vias que são práticas urbanas, vivenciaremos um novo tipo de sociedade.

Enfim, os centros especializados na dinâmica de grupo, na psicologia industrial ou no gerenciamento permitem acelerar as *interferências entre a cultura e a profissão*. Por exemplo, as empresas colocam em circulação modelos culturais levando em conta motivações, a utilização dos ambientes, a elaboração da direção participativa, a difusão dos valores próprios etc. Do mesmo modo, a análise das mudanças que se operam nas figuras socioprofissionais de uma sociedade (as do "militante", do médico clínico, do militar, do psicólogo etc.) as acelera. O bloqueio de certos organismos (especialmente universidades) suscita resistências que se prendem às etapas anteriores da instituição e que colocam no discurso os valores pouco a pouco expulsos da prática social, de sorte que aqui (como em muitas profisssões liberais) a sobreoferta ideológica trai e freia de uma só vez a mudança que se opera na profissão.

Política e cultura

Uma condição de possibilidade: O poder político

É preciso ir além das questões técnicas consideradas até aqui e das operações que permitam lidar com elas, sem ceder às seduções da ideologia que reaparece hoje vestida como cultura. O problema mais geral das relações entre ações culturais e escolhas políticas não poderia ser escamoteado. Cada análise particular, após ter percorrido os dados, pesado as possibilidades, proposto objetivos, entra na sombra dos poderes que ela questiona; ela corre o perigo de se deter ali, em virtude da falta de meios para enfrentar o rochedo com que se defronta. Desse modo, achar-se-ia eliminado por cada um desses estudos o problema que todas elas apresentam. O trabalho se tornaria um jogo de sociedade se o suspendêssemos sempre no instante em que ele eliminasse o obstáculo que fecha a passagem em direção das revisões sociais efetivas. Seria aceitar por princípio a filtragem que os poderes estabelecidos operam em todo projeto e que pode apenas garantir sua manutenção. Ou então deveríamos nos ater às promessas revolucionárias, literatura tão tradicional quanto inofensiva?

É evidente que a história não se faz com papel. Sozinhos, seja o que for que digam, não mudam nada. Pelo menos, se permanecerem como um instrumento de comunicação social, podem manter em evidência e reunir as responsabilidades políticas dos cidadãos, embora um acúmulo de discursos culturais desejasse nos fazer crer na autonomia dos "valores" que, com uma quantidade muito maior de meios, os poderes difundem e reproduzem.

Também é evidente que não se disse tudo acerca da cultura quando trouxemos à luz sua conexão real com a manutenção de castas e de trustes. Pelo menos seu funcionamento é esclarecido e, mais ainda, a condição de possibilidade de toda transformação. Desde os Direitos dos Homens até as férias pagas, nunca houve inovação cultural sem conflitos sociais e sem vitórias políticas.

Alguns iriam mais longe. Julgariam que as ações culturais são redutíveis às suas implicações e à sua rentabilidade sociopolíticas e, por exemplo, que uma festa é de pouca valia quando utilizada por um governo reacionário, ou que uma manifestação é inútil quando não se insere em uma luta social. Visão demasiadamente curta. Há, tanto em uma festa quanto em uma criação artística, algo que não é um meio, mas que basta a si próprio: a descoberta de possibilidades, a invenção de achados, a experiência de outros "pontos de partida", à falta dos quais o ar se torna irrespirável e a seriedade nada são além de tédio em uma sociedade. Que recuperação política conseguiria *esse resultado*, por mais hábil ou bem-sucedida que fosse?

Porém, enquanto a festa estiver sob o domínio dos exclusivistas que expulsam os participantes ou eliminam formas diferentes, ou lhes subtraem as articulações necessárias com a vida cotidiana, ainda permanece a questão política. Ela surge com esses limites repressivos que cada movimento social ultrapassa ao estabelecer desvios. A política não garante a felicidade nem confere significado às coisas. Ela cria ou recusa condições de possibilidades. Interdita ou permite: torna possível ou impossível. É sob esse viés que ela se apresenta aqui, no sentido de que a ação cultural se choca com as interdições silenciosamente postas pelos poderes.

A relação com os poderes

Semelhantemente ao que era há pouco tempo o folclore ou a cultura popular, a "cultura de massa" permanece afeta ao coeficiente social que a distingue de uma cultura operacional, sempre salvaguardada. Porém, como vimos, o corte acentua-se. A cultura de massa não tem mais uma função colonizadora (tanto no bom quanto no mau sentido da palavra: ao mesmo tempo civilizadora e conquistadora), como foi o caso durante quase dois séculos para a educação que difundia as concepções de uma elite, vulgarizando-as. Ela tornou-se um objeto rentável e maleável, segundo as necessidades da produção, mais do que uma arma de combate.

A relação com os poderes muda, portanto.[12] Eles servem-se da cultura, sem com ela se comprometer. Estão alheios. Não estão mais envolvidos nos discursos que fabricam. Na França, trustes poderosos difundem qualquer "bem cultural" que seja vendável ou garanta a venda de outros produtos. Permanecem os proprietários das transmissões televisivas produzidas por eles mesmos e veiculadas pela ORTF. Controlam as redes de imprensa e já também as de vídeo. Financiam centros de pesquisas científicas intra ou extrauniversitárias que servem aos seus objetivos. Colocam em seus produtos exigências que não são mais as do público geral, o qual se torna simultaneamente capaz de comprá-los e incapaz de tirar partido deles.[13] Em suma, os produtos culturais servem à classe daqueles que os criam e são pagos pela massa dos que praticamente deles não usufruem.

Reciprocamente, é a dependência aos grupos produtores que proporciona o acesso a altos cargos. Para obter um posto, pouco se ganha com a informática quando não se está a serviço de uma grande empresa (IBM etc.) ou do exército. Ensinar economia na universidade não abre nenhuma, ou quando muito abre algumas poucas oportunidades no mercado; pelo contrário, há uma via privilegiada, a de pertencer a uma dessas

215

escolas que cercam uma rede quase familiar de "veteranos", membros de castas financeiras, industriais ou políticas. Em outros níveis, ocorre algo semelhante. Por razões sociais, uma competência ou uma formação cultural não constitui mais a via que conduz aos altos cargos – contrariamente ao que exigiria uma racionalidade econômica –, mas o campo que um grupo explora ou determina. É preciso, portanto, passar pelos labirintos de protetorados ou de monopólios. Mas, na verdade, é preciso deixar de considerar como um meio de promoção a cultura da qual esses grupos fizeram o palco de sua expansão.

Câncer dos poderes, portanto, mas "um câncer que está controlado". Os poderes organizam-se independentemente do corpo do qual obtêm suas forças e ao qual não beneficiam. Proliferam à margem do funcionamento visível da sociedade. Sugam sub-repticiamente as riquezas investidas nos diferentes setores da cultura – da ORTF às inúmeras instituições de reciclagem escolar ou psicológica.

Uma politização necessária

Com relação a essas potências ocultas no corpo social, a palavra muitas vezes é apenas um fenômeno epidérmico. Exatamente como no teatro político as declarações pouco correspondem ao que se faz, o leque das manifestações fornecidas cada dia ao público parece mostrar que a eloquência das palavras aumenta na proporção em que diminui seu poder. Do mesmo modo, por necessária que seja, a reintrodução dos problemas políticos na expressão literária instaura o sinal de uma urgência; mas em si, ainda que o escândalo ou a censura lhe valha algum sucesso, ela permanece impotente.

Cada um dos movimentos que tentaram responder por uma "conscientização" coletiva em situações semelhantes, como o de Paulo Freire no Brasil, defrontou-se com o mesmo problema. A partir do momento em que, pelo seu trabalho, uma ação começa a modificar o equilíbrio das forças, ela é interrompida pela repressão que organizam os poderes estabelecidos. Contrariamente às esperanças "populistas" de organismos estritamente culturais, ela é recambiada a confrontamentos políticos inevitáveis. A partir de um limite que pode ser durante muito tempo ignorado ou cuidadosamente evitado, a promoção cultural manifesta sua relação necessária com as opções de uma sociedade com ela mesma e com as forças desiguais de que cada classe dispõe para fazer com que prevaleçam suas escolhas.

Nas sociedades ditas desenvolvidas, não se aguarda o surgimento do conflito. Ele é previsto. Cada reação cultural suscetível de provocar um deslocamento das posições adquiridas parece produzir seu antídoto. Assim, as Casas da Cultura, capazes, em princípio, de se transformar em lugares de conscientização urbana, foram exiladas para sucessos teatrais, campo no qual se reencontravam especialistas, os responsáveis (selecionados entre os homens de teatro) e um público "culto". As Casas da Juventude, uma vez construídas por conta de uma política, tornam-se o meio de circunscrever uma população jovem tida como perigosa. Na Bélgica, as instituições de formação permanente, destinadas em princípio aos trabalhadores, são na verdade utilizadas sobretudo pelos docentes e pela clientela habitual dos organismos universitários, de modo que o recrutamento reproduz as estruturas tradicionais... Seria impossível enumerar todos os exemplos. É um sistema que aí se revela.

Ele conduz ao problema colocado desde o início, acerca da "política cultural". A expressão camufla a coerência que liga uma cultura *despolitizada* a uma política *aculturada*. A primeira é utilizada – e para outros fins que não aqueles dos quais ela fala. A política realmente praticada é subtraída à linguagem (parlamentar, ideológica, cultural); seu discurso oficial é a repetição de generalidades sobre a felicidade nacional e sobre a nova sociedade, mas seus verdadeiros princípios são imperceptíveis, ocultos na lógica anônima de um funcionamento produtivista e tecnocrático.

Essa divisão entre o explícito (uma linguagem impotente) e o implícito (poderes que se tornaram invisíveis) levanta, finalmente, questões mais políticas do que culturais.

A apropriação da cultura operante será sempre decidida segundo as regras estabelecidas pelos grupos proprietários do poder? Que mudança estrutural da sociedade permitirá uma cultura que não esteja dividida em passiva e ativa conforme pertenças sociais, nem alheia à formação profissional como nos sistemas produtivos?

Os grupos que surgem da passividade cultural chegarão a criar forças políticas? A modificar a geografia das formações existentes? Ou então, a partir de um limite de crescimento, deverão perecer por serem indesejáveis ao sistema vigente?

Como evitar que a criatividade necessária a uma sociedade diminua sob a forma de "lazeres" distantes dos poderes que os determinam, ou sob a forma de marginalismos excluídos da organização ativa do país?

Em suma, não existe "política cultural" sem que situações socioculturais possam ser articuladas em termos de forças que se defrontam e de oposições reconhecidas. Trata-se de saber se os membros de uma sociedade, atualmente afogados no anonimato de discursos que não são mais os seus e submetidos a monopólios cujo controle lhes foge, encontrarão, com o poder de se situar em algum lugar em um jogo de forças confessas, a capacidade de se exprimir.

Notas

1. Ota Klein, "Révolution scientifique et technique et style de vie", em *L'homme et la société*, n. 9, 1968, p. 14.

2. Stefan Zolkiewski, "Le plan de consommation et le modèle de culture", em *Analyse et prévision*, t. III, 1967, pp. 346-352. Esse estudo mostra, com base no modelo polonês, como se colocam os problemas culturais em um regime econômico de tipo socialista.

3. Acerca da "contracultura", cf. o clássico que é Theodore Roszak, *Vers une contre-culture*, Stock, 1970.

4. Cf. Radovan Richta, *La civilisation au carrefour*, Anthropos, 1969, pp. 1-87.

5. Sobre a sociedade do espetáculo, o livro básico ainda é o de Raoul Vaneigem, *Traité de savoir-vivre à l'usage des jeunes générations*, Gallimard, 1967.

6. O IV Plano francês (1962-1965) introduziu a expressão "planificação cultural", termo mais exato do que "política cultural", para designar a natureza das pesquisas realizadas pelo Ministério da Cultura desde sua criação em 1959. Cf. *Aspect de la "politique culturelle" française*, Unesco, 1970, pp. 9-20. A melhor análise do tema é a de Edgar Morin, "De la culturanalyse à la politique culturelle", em *Communications*, n. 14, 1969, pp. 5-38.

7. Cf. Pierre Bourdieu e Jean-Claude Passeron, *La reproduction*, Minuit, 1970.

8. Célebre vidente cujas respostas às perguntas dos ouvintes fizeram, durante um certo tempo, o sucesso de um programa transmitido pela Europa 1 (L.G.).

9. É verdade que a estratificação social, obliterada pelo discurso homogêneo dos meios de comunicação de massa, manifesta o contrário na triagem das informações e na diferenciação das interpretações. Cf. Maurice Flamant, "Information et stratification sociale", em *Analyse et prévision*, t. XIII, 1972, n. 1, pp. 1-18. Mas ela está, nesse caso, *oculta* na recepção das mensagens: é cada vez menos perceptível à superfície da linguagem, privada de pontos de referência objetivos.

10. Acerca das estruturas sindicais e das representações operárias, cf. G. Adam e J. Capdevielle, *L'ouvrier français en 1970*, A. Colin, 1970, pp. 15-60.

11. Paul Lazarsfeld já observava, em 1965, o recuo da cultura e da consciência de classe entre os trabalhadores como efeito da

cultura de massa: "Les intellectuels et la culture de masse", em *Communications*, n. 5, 1965, pp. 11-12. Na França, a análise básica é a de René Kaës, *La culture et son image chez les ouvriers français*, EPHE, 1966.

12. Cf. André Régnier, "Les surprises de l'idéologie. Lutte des classes et technocratie", em *L'homme et la société*, n. 20, 1971, pp. 157-162.

13. Uma ampla clientela compra livros de bolso ou continua a determinar o comércio de enciclopédias ou de cursos por correspondência, sem poder lê-los ou acompanhá-los, por falta de estruturas de apoio, de iniciação progressiva e de oportunidades.

10
O LUGAR ONDE SE DISCUTE A CULTURA

Nada me autoriza a falar da cultura, não possuo nenhuma credencial. Do mesmo modo, as tomadas de posição que me são próprias dão lugar, de antemão, a convicções e a análises diferentes. Por conseguinte, torna-se possível abordar abertamente alguns desses problemas difíceis que as personalidades "qualificadas" procuram evitar. Uma discrição elegante conduziria diretamente ao academismo.

Ora, o academismo é sempre um universalismo fictício. É preciso, portanto, estabelecer um campo de trabalho e seus limites. É à demarcação *do lugar* de uma reflexão sobre a cultura que eu desejaria dirigir algumas observações. Exatamente como Arc-et-Senans[1] é um lugar diferente de muitos outros, um lugar especial que não poderia excluir nem fazer esquecer a multiplicidade daqueles outros lugares que não podemos ocupar ao mesmo tempo que ele, o estudo feito em Arc-et-Senans implica uma situação que se insere irremediavelmente sob o signo da particularidade. Não poderemos, portanto, discutir a cultura assim como seus aspectos globais, sem reconhecer, em primeiro lugar, o fato de que tratamos desse assunto apenas segundo um certo lugar, o nosso. Nunca podemos obliterar nem transpor a alteridade que mantêm, diante e fora de nós, as experiências e as observações ancoradas alhures, em *outros* lugares.

Estamos, portanto, sujeitos à lei tácita de um lugar particular. Por *lugar*, entendo o conjunto de determinações que fixam seus limites em um encontro de especialistas e que circunscrevem *a quem* e *como* lhes é possível falar quando abordam a cultura entre si. Por mais científica que seja, uma análise permanece uma prática localizada e produz somente um discurso particularizado. Ela alcança a seriedade, portanto, na medida em que explicita seus limites, ao articular seu campo próprio com outros absolutamente opostos.

Deste lugar, que constitui aquele de onde falamos da cultura, destacarei quatro determinações que dizem respeito a um objetivo, uma especialização técnica, um condicionamento sociopolítico e uma situação europeia.

A coerção de um objetivo

Esse colóquio não fixa como objetivo uma nova definição da cultura, mas "uma ação que deve promover estratégias de desenvolvimento". Não é muito provável que se consiga um consenso acerca de uma ação a ser realizada. Diferentemente das análises estabelecidas no espaço homogêneo de uma tecnicidade, a ação cabe àqueles que decidem ou a forças sociais que escapam ao poder dos observadores. Mais ainda, ela é indissociável de opções e de conjunturas políticas que determinam preferencialmente a observação. Isso significa que o consenso não é apenas improvável. Seria duplamente fictício. De um lado, ele poria de lado *pressupostos sociopolíticos* sobre os quais se apoia um exame científico e entre os quais existem diferenças radicais. Há em um grupo uma homogeneidade que implica ausências. A possibilidade de uma discussão repousa sobre pessoas excluídas e assuntos proibidos; é um fato, mas é preciso reconhecê-lo. Não poderíamos considerar como insignificantes essas ausências. O discurso é ainda mais determinado por seus postulados quando não os explicita. De outro lado, esse acordo suporia que os discursos sustentados pelos observadores possam substituir diretamente o ponto de vista dos responsáveis, ou se atribuir um poder de sedução, ou suprir miraculosamente as forças que organizam um país. O discurso permanece *alheio à ação*, mesmo quando fala dela.

Se, portanto, um colóquio tem por alvo uma ação, ele não poderia determinar positivamente seus objetivos. Porém, sob essa perspectiva, duas tarefas parecem possíveis.

A primeira busca elucidar aquilo que não se pode eliminar em um exame sério dessa ação e aquilo que não se deve privilegiar, isto é, busca explicitar as condições *sem as quais* o leque de problemas a serem solucionados seria estreito, falacioso ou caduco. Na prática, isso quer dizer levantar hipóteses, romper com interdições, esquecimentos ou ignorâncias, flexibilizar ou reverter os objetivos que se apresentam inicialmente como "evidentes". A segunda visa prover de *localizações concretas* os problemas tidos como os mais importantes, a organizar uma lista de pontos de impacto pertinentes, a projetar hipóteses concretas sobre o solo da vida social e a constituir, desse modo, uma geografia do possível. A primeira tarefa consiste em colocar sob suspeita, denunciar e criticar interdições; a segunda, em criar e especificar as aberturas. O consenso desejado especificaria, portanto, antes as questões a serem abordadas do que as respostas a lhes serem dadas.

Permanece o fato de que, mesmo sob essa forma, uma reflexão ou um texto sobre a cultura deixa em suspenso uma interrogação decisiva: *quem fala e para quem?* Todo discurso é definido por um emissor e um destinatário. Supõe um contrato tácito entre eles. Mais exatamente, ele define-se ao determinar as relações entre locutores e ouvintes (ou leitores).

A quem se dirigem, pois, as conclusões do colóquio? À opinião pública? Aos ministros da cultura? Aos inúmeros responsáveis pela ação cultural?[2] Esses destinatários multiformes arriscam-se a ser bastante efêmeros, assim como os discursos, quando mudam de ouvintes. As palavras flutuam, vagas, quando não estão destinadas a ouvidos definidos. É o caso de muitos textos ou de declarações sobre a cultura em geral. Parece-me que uma análise ou um discurso se instala no "não lugar" da utopia quando não delimita seus destinatários e, por isso mesmo, sua própria condição.

Os limites de uma especialidade: A prospectiva

Na qualidade de especialista, nenhum dentre nós pretende falar da "realidade". Os tempos felizes dessa segurança terminaram. Também é preciso reconhecer a todo resultado científico o valor de um *produto* que, tal como aquele que sai da usina, é relativo a *instituições*, a postulados e a procedimentos. Muito ao contrário de enunciar verdades, ele insere-se, portanto, em um funcionamento dentre outros. Ele remete a um lugar particular e a suas determinações próprias. Insere-se em uma outra forma de limite. A prospectiva figura nas bandeiras desta reunião. Ela pode fornecer alguns exemplos das fronteiras e dos problemas inerentes ao espaço de uma especialidade.

A evolução atual da prospectiva leva a circunscrever mais estreitamente a racionalidade e a reconhecer até que ponto o campo fechado dessa racionalidade deixa-se infiltrar, apela mesmo para uma "liberdade de carnaval", ou até mesmo para "ideias loucas" (Robert Jungk). Desse modo, o *Center for Behavior and Management Science* da universidade da Pensilvânia abandona os projetos que pretendiam construir uma estrutura de etapas futuras e eliminar as incertezas do progresso (cf. Russell L. Ackoff, *Corporate planning*, 1971, ou os estudos de Trist e Emery). Ele os substitui por um *style planning* que diz respeito ao "estilo de vida" ou aos comportamentos e que deve permitir realmente a declaração de opções aceitáveis que devem ser preservadas. Para o instituto de Tavistock de pesquisa operacional (Londres), um plano não é mais a descrição de futuros que devem ser realizados (seria falso, como se sabe); é o meio de exprimir mais corretamente as escolhas e seus critérios: *ele coloca em cena* as hipóteses especificadas pela análise das interconexões entre os campos de decisão (ou *decision areas*) que definem os atores e suas estratégias.

Esses exemplos constituem apenas indícios de uma tendência. A planificação se "teatraliza": ela visa menos exprimir o futuro (há videntes para isso) do que formular *opções* e lhes dar hoje uma *representação* possível em uma linguagem socioeconômica. É característico, com efeito, que, ao criticar seus inícios, a prospectiva renuncia a determinar o futuro por esse caminho simples que conduzia da análise à decisão acerca da linha de um *continuum* quantitativo ou tecnológico. Ocorre aí uma dupla revolução. Uma muda o *método* e rompe com o discurso homogêneo da observação por um *apelo ao imaginário*. A outra, mais fundamental, modifica *o objetivo* e substitui a determinação de um futuro pela *produção de um discurso* operacional. Esses dois movimentos introduzem na ciência a necessidade da ficção e a prioridade do discurso. Uma consciência mais aguda das rupturas qualitativas entre o presente e o futuro atribui uma importância crescente à imaginação e subtrai à linguagem o poder de descrever o futuro para lhe conceder a função poética de enunciar opções hoje racionalmente possíveis.

O futuro não é mais o objeto do discurso científico; ele é apenas marcado pelas *escolhas reais* cuja urgência ou oportunidade o discurso declara. O futuro é um espaço vazio que a prospectiva abre com base em três referências vigentes: aquilo que é objetivamente *plausível*, aquilo que é subjetivamente *imaginável*, aquilo que *pode ser efetivamente decidido*. Essenciais à prospectiva que se esboça, há uma prática da *diferença* e um remetimento a *decisões* reconhecidamente possíveis. Essas são as duas formas conexas de uma inevitável alteridade: a do futuro que permanece imprevisível, porquanto diferente, a das escolhas feitas hoje em uma sociedade. Por essas características, a nova futurologia abandona as seguranças ligadas ao positivismo científico de há pouco. Ela reconhece seus limites.

Segundo uma determinação mais ampla, toda análise obedece aos códigos de percepção e de "expectativa" (Umberto Eco) próprios a uma época e a um meio. Sabe-se que Cristóvão Colombo percebia o Novo Mundo da maneira como os romanos da cavalaria descreviam as ilhas da Fortuna. Ele classificava o novo segundo um código estabelecido. Pode-se proceder de maneira diferente? De que modo podemos esperar mudar esses códigos subjacentes, uma vez que eles representam em cada ciência a lei imanente da sociedade onde se insere uma especialidade e uma vez que constituem uma determinação sociocultural que serve de postulado a toda análise que estabelece a cultura como objeto?

Uma condição sociopolítica

Antes de me deter nas determinações próprias a uma especialidade (a prospectiva) e que concernem, além disso, essencialmente à possibilidade de introduzir o *qualitativo* e a *diferença* nas análises quantitativas e na necessária homogeneidade do cálculo, prefiro insistir sobre um outro limite, menos explícito: o regionalismo sociocultural e político dos nossos estudos sobre a cultura.

Apesar das divergências teóricas ou metodológicas que possam vir à luz em uma reunião de professores e de especialistas, todo grupo de pesquisadores tende a reconstituir uma interpretação unitária, a pensar na *cultura no singular*. Ele obedece, desse modo, à lei das pertenças sociais e profissionais. Uma homogeneidade de meio, de classe, de intelectuais ressurge e se trai no objeto (a cultura) abordado. O lugar de onde se fala, no interior de uma sociedade, emerge silenciosamente no discurso e reproduz-se no nível do conteúdo intelectual, com o ressurgimento de um modelo *totalitário*. Com efeito, a *cultura no singular* traduz o *singular de um meio*. Ela está na maneira como respiramos, nas ideias, na pressão autoritária de uma determinação social que se repete e se "reproduz" (Bourdieu e Passeron) até mesmo nos modos científicos. Na análise cultural, o singular traça em caracteres cifrados o privilégio das normas e dos valores próprios a uma categoria.

Para mim, trata-se de uma questão de fundo, que coloca em debate o *lugar* do intelectual na sociedade e a experiência ou a concepção da cultura que resulta disso. Um exemplo: que relação há entre a pesquisa que tornou possível isolar em Arc-et-Senans os membros de profissões liberais e, de outro lado, a experiência de uma empregada de um supermercado? Aquilo que se apresenta a nós como a profissão lucrativa que consiste em deliberar sobre as condições necessárias a um controle da mudança possui, para a operária, um alcance inteiramente diferente. Aquilo que é possível colocar sob o signo da "cultura" na vida da empregada seria *"fazer algo para si próprio"* (e não para o patrão), *"sair"* (ir ao cinema, sair em férias etc.) e *"estar com"* (sua família, seus amigos etc.). Além disso, como mostraram análises recentes, ela não tem com a linguagem a mesma relação que os profissionais do discurso; ela não *utiliza* a linguagem da mesma maneira, pois a linguagem não é a matéria-prima do seu trabalho, mas o ponto de referência de sua atividade. Portanto, podemos nos perguntar se o termo "cultura" não é um puro equívoco. De todo modo, do lugar onde estamos, não podemos superar a diferença que nos separa da experiência própria à maioria das pessoas. Ousamos e devemos falar disso, mas do lugar especial que ocupamos e que nos determina na sociedade.

É preciso mencionar também a coerção que exercem as origens coletivas e pessoais da própria especialidade que tem como objeto a cultura. Uma arqueologia das instituições e das "vocações" determina também essa profissão: militâncias políticas e intenções pedagógicas residem discretamente nos pesquisadores e os dirigem para aqueles que têm a infelicidade de não se assemelhar a eles. Uma propaganda "missionária" estuda uma forma oculta da "paz branca" (Robert Jaulin) – conquista e pacificação autoritárias – em nome dos critérios particulares que os grupos detentores de poderes sociais consideram como a condição da felicidade e a definição do homem. Essa filantropia, alternadamente nostálgica ou voraz, assemelha-se à da antropofagia.

Enfim, seria ilusório supor politicamente "neutra" a mais técnica das discussões. A pesquisa é cada vez menos livre com relação ao Estado. Seu financiamento, assim como o recrutamento dos pesquisadores, depende grandemente de objetivos políticos e das seleções sociais que os acompanham. Acerca dessa questão, conhecem-se os estudos feitos pelo Sipri (Estocolmo, estudos de Lettenberg, Clarke etc.). É verdade que, nesse assunto, exerce-se a autocensura. "Não fazemos política aqui": esse é o conto que um grupo científico narra para si próprio no serão. Mas trata-se de um apólogo que, na verdade, quer dizer que se faz a "boa" política, a que não tem necessidade de ser explicitada nem escolhida, uma vez que já está escrita com todas as letras na instituição científica. Ou então, com um pudor que já é uma semiconfissão, a instrução será "não ser negativo". Seria possível essa delicadeza, uma vez que não se trata mais de democratizar *uma* cultura, mas a sociedade?

Não quero dizer que haveria em alguma parte *um lugar* isento de ligações políticas. Seria pura ficção. Minha tese é diferente. Ela visa assinalar a particularidade do *nosso* lugar, as dependências que ele implica e, portanto, escolhas ou aceitações. *Não há observação que não seja determinada pela situação criada por uma relação:* nós o sabemos desde o marxismo e o freudismo, por diferentes motivos. Do mesmo modo, um grupo conhece mal a sociedade onde está inserido, quando conhece mal a si próprio como categoria social particular, inserida nas relações de produção e nas relações de força.

O fechamento europeu

Falando de uma maneira geral, nas sociedades do passado, culturalmente organizadas pelos quadros de referências comuns a cada grupo, mas tecnicamente pouco aptas à comunicação entre grupos, o limite de cada discurso era da ordem do conteúdo; ele estava ligado a uma insuficiência de informação, e não a uma insegurança das evidências locais. As coisas se inverteram. A informação pode se ampliar indefinidamente, apesar dos efeitos de saturação que ela produz. Em compensação, as escolhas e os critérios mostram-se localizados, vagos, incertos. Falamos de significados comuns e os utilizamos de modos diferentes. *O limite atinge a enunciação antes que o enunciado.* Ele marca o lugar do grupo ou do assunto, no momento em que apaga em si os signos culturais universalmente difundidos. Do mesmo modo, uma informação internacional não impede que nosso grupo seja *localmente* determinado. A universalidade da informação é relativizada por uma maneira particular de tratá-la. Isso coloca em debate a característica *europeia* da nossa discussão, na medida em que o assunto do debate implique, seja uma relação da Europa (e qual?) com outros continentes, seja uma relação entre países europeus.

Reterei somente, como mais fundamentais, as questões que nos são postas pelo terceiro mundo. Depois de outros, talvez de maneira mais clara que outros, Georges Balandier acaba de mostrar que os processos de formação dos países "em via de desenvolvimento" colocam em debate os sistemas de interpretação que utilizam para si próprios, tanto no oeste quanto no leste, as sociedades industrializadas. Sob esse aspecto, o terceiro mundo não fornece apenas dados suplementares a essas interpretações, como se se tratasse de variantes novas. Ele levanta uma suspeita epistemológica sobre nossas concepções do futuro das sociedades humanas e, portanto, da nossa.

Essa contestação não diz respeito aos sistemas (por definição fechados) da análise econômica, mas ao seu *funcionamento* com relação aos sistemas de saúde ou de escolarização que lhe são heterogêneos. Ela relativiza, portanto, as *hipóteses globais*, histórico-sociais, sempre postuladas pelo desenvolvimento ou pelos reajustamentos das nossas economias. Por conseguinte, as racionalizações econômicas ocidentais *atuam diferentemente* nos países onde as estruturas socioculturais são diversas daquelas que permitiram na Europa, há três séculos, o desenvolvimento das técnicas e das ciências. Combinações surpreendentes entre sistemas heterogêneos delineiam aí hipóteses globais ainda desconhecidas, destinadas a mudar o equilíbrio geral das sociedades e os modos de vida ou de pensar que nos são próprios.

Esse fato atesta a importância dos embasamentos socioculturais e históricos nos quais se apoiam políticas econômicas ou culturais. Ele assinala também e sobretudo o fato global que vai ao encontro da via dos inovadores (foi preciso uma experiência latino-americana para que Illich colocasse em dúvida a excelência do sistema norte-americano);[3] a origem fundamental da singularidade do nosso futuro não está no interior, no desdobramento das pesquisas racionais ou nas extravagâncias do imaginário. O futuro nos chega, às vezes à nossa revelia, com as formações, talvez "anárquicas e confusas", de mundos novos e diferentes. Seu princípio está nessa confrontação.

Finalmente, é *a outra* sociedade que abre no presente a fenda de possibilidades verdadeiramente diferentes e vindouras. De outra maneira, não podemos "manter" seu lugar. Devemos, portanto, situar-nos com relação a outros continentes (como a própria Europa, com relação aos conflitos sociais) para discernir um futuro cuja singularidade surja com a deles.

O que caracteriza realmente a Europa, com relação a outros sistemas, são as heteronomias culturais entre cada um dos países que a constituem: diferenças de línguas, de tradições e de histórias povoadas ainda por um milênio de guerras políticas e religiosas. Dar uma definição "europeia" da cultura consiste em negligenciar com um gesto puramente retórico essa realidade onipresente. Parece, ao contrário, que a elucidação dessas divergências seja a única via que permita descobrir uma especificidade "europeia". Por exemplo, se examinarmos as diferenças entre esses passados, sistemas ocultos e não eliminados pelas práticas econômicas ou urbanas comuns, poderemos sem dúvida especificar um tipo de combinação próprio à Europa, ao mesmo tempo que a origem das resistências mais ou menos tácitas que encontram as racionalizações unívocas. Do mesmo modo, convém não esconder os racionalismos subjacentes às teses mais "universais". Exumar esses pressupostos locais é criar sem dúvida uma linguagem própria, aquela que constitui o reconhecimento recíproco de alteridades insuperáveis.

Pelo esclarecimento daquilo que torna tão específico este colóquio, pela erosão de sua "inocência", pela consideração dos seus próprios pressupostos, é possível estabelecer uma relação de honestidade entre o modo da discussão e o objeto debatido. Parece-me, com efeito, e era esse o assunto destas breves reflexões sobre o "lugar" de Arc-et-Senans, que nada se conseguiria dizer de sério sem que fossem simultaneamente explicitadas a especificidade da nossa reunião e a necessidade de situá-la com relação a outros lugares, outras forças e análises diversas das nossas. *Em suma, o futuro entra no presente sob a forma de alteridades.* A comparação com outras é o princípio de toda prospectiva. É reencontrar, por outro lado, a lei que, desde o surgimento da sexualidade, faz com que a gênese da vida dependa de uma relação com o outro.

Notas

1. Este texto retoma a conferência de abertura do colóquio europeu "Prospective du développment culturel" (Arc-et-Senans, abril de 1972), do qual M. de Certeau era o principal relator (L.G.).
2. O objetivo do colóquio de Arc-et-Senans era preparar o encontro dos ministros da Cultura em Helsinque, em julho de 1972.
3. Acerca da via singular de Ivan Illich, ver Michel de Certeau, "Cuernavaca: Le centre interculturel et Mgr Illich", em *Études*, t. 331, outubro de 1969, pp. 436-440 (L.G.).

CONCLUSÃO:
ESPAÇOS E PRÁTICAS

O rígido e o flexível

Primeira impressão, mal-estar constante: a cultura é o flexível. A análise desliza em toda parte sobre a incerteza que prolifera nos interstícios do cálculo, visto que ela não está ligada à enganosa estatística dos sinais objetivos (comportamentos, imagens etc.). Assim, as *maneiras de utilizar o espaço* fogem à planificação urbanística: capaz de criar uma composição de lugares, de espaços ocupados e espaços vazios, que permitem ou impedem a circulação, o urbanista é incapaz de articular essa racionalidade em concreto com os sistemas culturais, múltiplos e fluidos, que organizam a ocupação efetiva dos espaços internos (apartamentos, escadarias etc.) ou externos (ruas, praças etc.) e que os debilitam com vias inumeráveis.[1] Ele pensa em uma cidade vazia e a fabrica; retira-se quando chegam os habitantes, como diante dos selvagens que perturbarão os planos elaborados sem eles.

Ocorre o mesmo com as maneiras de viver o tempo, de ler os textos ou de ver as imagens. Aquilo que uma prática faz com signos pré-fabricados, aquilo que estes se tornam para os usuários ou os receptores, eis algo essencial que, no entanto, permanece em grande parte ignorado. Lá se produzem mobilizações e estagnações que não são perceptíveis unicamente com uma análise dos significados: derrubamentos, deslocamentos ou enrijecimento de mentalidade; permanências de comportamentos tradicionais sob sua metamorfose exterior, ou mudanças de seu sentido apesar da sua estabilidade objetiva; derivados dos "valores" inseridos na vida de um grupo sem que ele os explicite etc. O mensurável encontra por toda parte, nas bordas, esse elemento móvel. O cálculo aí entra (fixando um preço para a morte de um homem, de uma tradição ou de uma paisagem), mas se perde. A gestão de uma sociedade deixa um enorme "resto". Em nossos mapas, *isso* se chama cultura, fluxo e refluxo de murmúrios nas regiões avançadas da planificação.

De fato, essa região flexível é silenciosamente explorada pelo seu contrário, o *rígido*. A cultura é o campo de um neocolonialismo; é o colonizado do século XX. A tecnocracia contemporânea aí instala impérios, como as nações europeias do século XIX ocupavam militarmente continentes indefesos. Trustes racionalizam e tornam lucrativa a fabricação de significados; enchem com seus produtos o espaço imenso, indefeso e semiconsciente da cultura. Todas as formas da necessidade, todas as fendas do desejo são "preenchidas", isto é, inventoriadas, ocupadas e exploradas pela mídia. Esse sistema econômico sofre erosão e finalmente inverte a conquista política do século XIX, substituindo o ato da representação democrática pela recepção de significados padronizados, dirigindo os trabalhadores para o consumo e transformando o povo em público.

O imperialismo econômico, violenta *conquista* do mercado da cultura, tem um dublê cômico: a política, que se tornou entre nós um cenário de ideologias antigas por trás das quais se aproximam os novos poderes tecnocráticos e executivos.² Nessa frente, o colonialismo dos trustes se repete, mas segundo um modo derrisório. Quando as "autoridades políticas" não confessam os poderes a que servem, ou quando tentam ocultar a nulidade de seus próprios programas (que se resumem no "enriquecei-vos"), exibem a retórica de "valores" amontoados no passado; ostentam os "humanismos" tagarelas em que narram os temores dos abonados; colocam na rua as frágeis milícias de "animadores" dedicados a camuflar as contradições de um regime.

Por conseguinte, a cultura apresenta-se como o campo de uma luta multiforme entre o rígido e o flexível. Ela é o sintoma exagerado, canceroso de uma sociedade dividida entre a tecnocratização do progresso econômico e a folclorização das expressões cívicas. Manifesta uma disfunção interna: o fato de que a apropriação do poder produtivo pelos organismos privilegiados tem como corolário uma desapropriação e uma regressão políticas do país, isto é, o desaparecimento do poder democrático de determinar a organização e a representação do trabalho que uma sociedade faz sobre si mesma.

Uma zona patológica

No campo indefinido da cultura, as tensões e as enfermidades sociais se manifestam. Em lugar de intervenções diretas comandadas por interesses, em lugar das solenes tolices que são geradas hoje pela evocação "do Homem" ou dos "valores", uma terapêutica requer inicialmente observações: quadros clínicos.

Apresentei aqui somente alguns casos franceses. Pouca coisa, se pensarmos no que se tornou o Hexágono, mundozinho enclausurado. Lá, no setor cultural, os sintomas patológicos já se acumulam, como nódulos e inchaços no corpo. Desse modo, os desafios dilacerantes ligados à lógica do desenvolvimento favorecem ao mesmo tempo a ambição de jovens lobos, *enarcas** e executivos do reformismo; *poujadismo*** e os corporativismos provocados pelo temor da insegurança; a radicalização das ideologias nascidas em outras épocas, ou a regressão dos conservadores com relação às linguagens religiosas nas quais não mais acreditam. O tédio dos adultos no trabalho profissional repete-se no tédio escolar e prolonga-se com a passividade das atividades de lazer. Indícios de uma enfermidade que julgaríamos depressiva.

As cores vivas desbotam-se. Esse país toma uma cor parda. Reina o abatimento. Para compensá-lo, que poder têm as frivolidades que se seguem, na imprensa, às lutas de outrora? Ou as tolices do mundo "lindo, lindo" que os clubes Méditerranée oferecem à sua clientela de desiludidos ou de solitários? Nas ruas amontoam-se homens preocupados que perderam o sentido da alegria e dos gastos. Duas preocupações maiores parecem motivar seus movimentos: enriquecer e emagrecer. Tropismos de barrigas flácidas.

Ao mesmo tempo que o gosto do risco, perdem-se as razões de viver. Nada controla também interiormente o doce e monstruoso inchamento do possuir. A acumulação do lucro e do saber, o chauvinismo hexagonal, a repressão do estranho se engendram reciprocamente, indefinidamente. Por trás do instinto possessivo, aparece a mais ignóbil das faces do homem: o racismo.

---

* *Énarque:* de *E.N.A.* e sufixo *-arque.* Antigo aluno da Escola Nacional de Administração (E.N.A.), considerado como detentor do poder. (N.T.)

** *Poujadisme*: de Pierre Poujade, fundador da União de Defesa dos comerciantes e artesãos da França. Movimento e partido político popular de direita, no fim da IV República, apoiado sobretudo pelos pequenos comerciantes. Atitude pequeno-burguesa de recusa da evolução socioeconômica. (N.T.)

Como se espantar, quando, nos altos cargos, o culto do passado define os programas da educação cultural e o conformismo político torna-se o critério da criatividade? A ordem que enche nossas ruas de policiais desejaria também que estátuas de mortos pontilhassem nossos jardins e que obras de sentimentos nobres povoassem os teatros, os museus e as bibliotecas.

O teatro francês

A esse quadro sombrio, deve-se acrescentar a contrapartida de um fenômeno de grande vulto. Os espetáculos fabricados pelos meios de comunicação de massa deixaram de representar os franceses. Eles não compõem mais um espaço no qual as convicções se manifestam, circulam e se confrontam. *Exit populus*. A população retira-se. Ela não oferece mais sua adesão.

Multiplicam-se os sinais extremos desse fato: "recusa do consumo", exílios no estrangeiro, retiros no campo, formação de grupos, de comunidades ou de gangues que não querem mais se nutrir da ideologia etc.

De um modo mais geral, a imprensa, o rádio e a televisão transformam-se em *teatros*, exatamente como a vida que ainda chamamos política. O espectador, aos milhares, avalia o estilo e a representação dos atores, mas não acredita mais na história que estes narram. "Geraldine Chaplin foi maravilhosa", "Pompidou teve uma atuação fraca". Por trás do personagem, o olhar descobre o ator. Ao tomar uma atitude de distanciamento diante da imagem, o público percebe, atravessando-a, as condições da sua produção. Ele julga o modo de agir, sem se prender ao enunciado. O texto torna-se a matéria-prima da qual se serve uma arte de representar. Também as exposições e os discursos aparecem como a representação de uma habilidade – de talentos, de técnicas ou de regras que os geram e neles se manifestam – muito mais do que convicções ou verdades. O que se realça em toda parte nos meios de comunicação de massa, tanto no público quanto nos produtores, é uma generalização da *retórica*, no sentido de considerar essencialmente os discursos (verbais, icônicos ou gestuais) em função das "maneiras de execução" das quais seus efeitos resultam.

Não é possível, portanto, crer que esses discursos "exprimam" aqueles que os leem, veem ou ouvem. As análises que tiram conclusões pela imprensa ou transmissões televisivas acerca da opinião do público saltam indevidamente a distância que este coloca entre si e seus entretenimentos.[3] O público *não está mais lá*; não está mais nessas imagens, presas em suas armadilhas; está em outro lugar, retraído, em uma posição de receptor entretido, interessado ou entediado. Também há cada vez menos pontos de referência próprios, na medida em que a linguagem toda se teatraliza. Para tentar captar novamente o que são, pensam ou desejam os receptores das mensagens fabricadas em série, multiplicam-se as sondagens. Mas essas pesquisas encontram apenas o "jogo" dos entrevistados com as perguntas; elas obtêm das sondagens somente um fragmento da teatralização da qual fazem parte; não encontram mais o povo, que se retrai e desaparece, desconhecido, por trás das "reações" de um "público" chamado, de vez em quando, a intervir na cena da *commedia dell'arte* nacional.[4]

É indubitável ser essa a consequência mais importante e mais paradoxal do desenvolvimento dos meios de comunicação de massa. Produz-se uma divisão entre aquilo que se diz, mas não é real, e aquilo que é vivenciado, mas não pode ser dito. A linguagem torna-se ficção com relação a uma realidade cotidiana que não tem mais linguagem. Na sociedade do espetáculo, a superabundância dos significados resulta na impossibilidade de encontrar uma expressão própria. As mensagens são abundantes, saturam a atmosfera e a cada dia é preciso limpar as cidades de montes de lixo; mas seu burburinho cria uma ausência de palavra.

Seria efeito de um acaso que a psicanálise se transforme em esperanto cultural e forneça ao Ocidente o repertório, também ele metafórico, daquilo que *se torna* a nossa linguagem? Ela devolve as representações às suas condições de produção e os enunciados a um não dito. Fugindo ao controle dos especialistas, constituindo um novo mito,[5] mas disseminado em um vocabulário, o léxico freudiano designa socialmente o regime no qual funciona a linguagem; ele conota a relação dos discursos com uma repressão da comunicação. É um indício do sistema no qual quanto *mais* linguagem há, menos se fala.

Permanências: A fronteira de um silêncio

Sob esses aspectos conjunturais, a cultura oscila mais essencialmente entre duas formas, das quais uma sempre faz com que se esqueça da outra. De um lado, ela é aquilo que "permanece"; do outro, aquilo que se inventa. Há, por um lado, as lentidões, as latências, os atrasos que se acumulam na espessura das mentalidades, certezas e ritualizações sociais, via opaca, inflexível, dissimulada nos gestos cotidianos, ao mesmo tempo os mais atuais e milenares. Por outro, as irrupções, os desvios, todas essas margens de uma inventividade de onde as gerações futuras extrairão sucessivamente sua "cultura erudita". A cultura é uma noite escura em que dormem as revoluções de há pouco, invisíveis, encerradas nas práticas –, mas pirilampos, e por vezes grandes pássaros noturnos, atravessam-na; aparecimentos e criações que delineiam a chance de um outro dia.

Essa noite oceânica que me fascina e me interroga. Ela é a humanidade vivenciada pelo homem, mas ignorada por ele. O sono no qual ele fala sem perceber. A história e a sociologia, a economia e a política dela apreendem apenas as "resistências". Porque a atividade científica ou governamental é sempre elitista, ela depara com a cultura silenciosa da multidão como um obstáculo, uma neutralização ou uma disfunção dos seus projetos. O que nela é perceptível é, portanto, uma "inércia" das massas com relação à cruzada de uma elite. É um *limite*. O "progresso" dos letrados ou dos executivos detém-se nas bordas de um mar. Essa fronteira móvel separa os homens do poder e "os outros".

Porém essa visão constitui o *efeito* de uma relação de classes. Ela toma por "outro", por um horizonte desconhecido, ameaçador ou sedutor tudo aquilo que não é conforme às práticas e às ideias de um meio. A "passividade", a "resistência" constituem conceitos *relativos* ao lugar particular onde se crê representar o "progresso", onde se possuem os meios de exercer um intervencionismo triunfante. Hoje, essa situação pode ser modificada? Em que condições pode ser mudada a relação de forças que estabelece a maioria como limite de ação de uma minoria?

Procedimentos técnicos foram postos a serviço dessa questão. Desse modo, vozes jamais ouvidas puderam ser registradas e gravadas nas gráficas: voz das crianças Sanchez no México, voz do velho escravo negro fugitivo Estevan, voz dos camponeses revolucionários de uma vila chinesa[6]... Experiências, ambições, iras que nos são estranhas falam na primeira pessoa. Elas deixam de ser o objeto constituído por um olhar etnológico. Em *Louons maintenant les grands hommes*,[7] James Agee desejaria ir mais longe: em lugar de coletar as palavras do outro, reunir as pontas de lanças, os cacos de cerâmica, os restos de comida, em suma, os fragmentos dispersos de outras linguagens. Projeto maravilhoso e impossível, essa colagem teria criado a ausência; ele se teria organizado em torno de uma carência, sem substituí-la pelos produtos do nosso saber. Infelizmente, é apenas uma utopia, pois essas janelas abertas para o outro funcionam somente como uma ilusão de ótica; elas são reabsorvidas e folclorizadas pelo contexto em que se inserem. Quando muito, é o indício de uma indagação, um vestígio do outro.

Do mesmo modo, é razoável aceitar esse limite como a pergunta *e* sua resposta. As análises relativas à cultura ladeiam uma imensidão silenciosa. Caminhando sobre essas praias do inacessível, elas descobrem sua inevitável limitação e, por conseguinte, sua relação com uma morte. Obcecado por esse rumor do outro país, cabe-me reconhecer que nenhum texto ou instituição poderá jamais "manter" o lugar onde se ergue o rumor das máquinas, das ferramentas, das cozinhas, dos milhares de ruídos de uma atividade criadora. Léxicos inumeráveis, vocabulários estrangeiros. Eles se calam no momento em que o museu ou a escrita captam seus fragmentos para fazê-los exprimir nossos interesses. Ele cessam, então, de falar e ser falados. Os progressos do nosso saber medem-se pelos silêncios que eles criam. Que fronteira é essa, portanto, que deixa passar para a nossa cultura somente signos caídos ou extraídos, inertes, de uma outra cultura?

Essa fronteira circunscreve aquilo que podemos dizer ou fazer do lugar onde falamos. Nada que pertença aos outros transpõe esse limite sem que nos chegue morto, pois nada que nos foge existe, inevitavelmente. A prática e a teoria da cultura ascendem à honradez quando renunciamos à pretensão de superar por generalidades o fosso que separa os lugares onde se enuncia uma vivência. Do saber científico, quando exclusivo, até os discursos medíocres sobre os "valores" ou sobre o humanismo, há milhares de maneiras de eliminar outras existências. Elas têm como característica comum a vontade de instaurar a unidade, isto é, um totalitarismo. A cultura no singular impõe sempre a lei de um poder. À expansão de uma força que unifica colonizando e que nega ao mesmo tempo seu limite e os outros, deve se opor uma resistência. Há uma relação necessária de cada produção cultural com a morte que a limita e com a luta que a defende. A cultura no plural exige incessantemente uma luta.

Uma germinação criadora

Cada cultura prolifera em suas margens. Produzem-se irrupções, que designamos como "criações" relativamente a estagnações. Bolhas saltando do pântano, milhares de sóis explodindo e se apagando na superfície da sociedade. No imaginário oficial, elas figuram como exceções ou marginalismos. Uma ideologia de proprietários isola o "autor", o "criador" ou a "obra". Na realidade, a criação é uma proliferação disseminada. Ela germina. Uma festa multiforme infiltra-se por toda parte, festa também nas ruas e nas casas, para todos aqueles que não cega o modelo aristocrático e museográfico da produção *durável*.[8] Esse modelo tem como origem um luto e como efeito um engodo: a apologia do "não perecível" tem como valores os mortos mais do que os vivos, os materiais resistentes mais do que os outros, e os meios munidos o bastante para garantir a conservação de suas relíquias. Mas é absolutamente o contrário. A criação é perecível. Ela passa, pois é ato.

Ao contrário, ela é essencialmente relativa a uma coletividade. Somente isso lhe permite introduzir-se na duração. A concepção "humanista" a encerra no círculo que remete indefinidamente uma à outra a individualidade perecível do autor e a permanência da obra fechada. Ele crê em uma ressurreição garantida pela propriedade privada. De fato, é criador o gesto que permite a um grupo inventar-se. Ele mediatiza uma atividade coletiva. Seu traço talvez sobreviva ao grupo, sob a forma de um objeto que a vida deixou cair, pegou, abandonou novamente e reutilizou ainda em práticas posteriores: textos, cerâmica, utensílios ou estátuas. Mas estes não pertencem mais àquilo que *faz* a história; são *dados* dela.

Fazemos hoje uma distinção maior entre *aquilo* que está escrito (o *dito*)[9] e o *gesto* que o produz (o *dizer*). Sem dúvida, essa tendência participa da nossa experiência cultural, que refere os sistemas de significados aos procedimentos ou ao ato dos quais eles resultam – o enunciado a uma enunciação. Seja como for, esse retorno à produção atribui à expressão sua função de trabalhar na formação ou na renovação de um grupo. Um concerto pop, uma representação teatral, uma manifestação têm como objetivo menos manifestar a verdade imemorial oculta em uma obra do que permitir que uma coletividade se constitua momentaneamente no gesto de se representar. Esse gesto é um *desvio* com relação às práticas anteriores. É também um *ato* produtor e, quando coloca em jogo funções diversificadas, não mais obedece à lei que separa os atores dos espectadores. Pelo menos é esse o sentido das pesquisas atuais. Nessa coprodução, a expressão é, na linguagem, um movimento que acompanha e marca uma passagem da coletividade. Ela se integra no gesto comum de "levantar voo", de partir e de "viajar" (*trip*). Ela é a marca de um "êxtase" coletivo, de um "exílio" que reúne, de uma festa. Da "saída" organizada por amigos, pela família ou por uma turma de jovens, à "manifestação" teatral, pop, grevista ou revolucionária, há um elemento comum que constitui o essencial dessas expressões: *um agrupamento social se faz produzindo uma linguagem*. A festa não se reduz aos registros e aos restos que ela deixa. Por mais interessantes que sejam, esses objetos "culturais" são apenas os resíduos do que não mais existe, a saber, a expressão ou a obra – no sentido pleno do termo.

Ligada desse modo à atividade social que ela articula, a obra perece, portanto, com o presente que ela simboliza. Ela não se define por sobreviver a si própria, como se o trabalho de uma coletividade sobre si mesma tivesse como finalidade encher os museus. Ao contrário, a obra é a metáfora de um ato de comunicação destinado a cair, estilhaçando-se e a permitir assim outras expressões do mesmo tipo, mais distantes no tempo, apoiadas em outros contratos momentâneos. Muito ao contrário de se identificar com o raro, o sólido, o dispendioso ou o "definitivo" (características da obra-prima, que é uma patente), ela visa se esvanecer naquilo que ela torna possível.

De onde dois aspectos importantes da cultura. Por um lado, presa na efêmera liga coletiva, cuja possibilidade ela cristaliza, por um momento, destinada a desaparecer com ela, a expressão cultural depende, ao mesmo tempo, do *instante* que ela marca e da *morte* na qual ela retorna. Ela representa um risco que não poderia ser eliminado de um dos seus sinais, tal como um pássaro metamorfoseado em pedra.

É dizer que não explicamos uma obra quando exumamos os códigos aos quais, sem que o saiba, ela obedece. Trata-se, nesse caso, somente das estruturas de onde ela emerge, exprimindo-as ainda. Mas ela existe exatamente pelo interstício ou pela margem que abre, sem deixar de estar na dependência de leis sociais, psicológicas, linguísticas. Ela insinua um acréscimo, um excesso e, portanto, também uma fratura nos sistemas dos quais recebe sua sustentação e suas condições de possibilidades. Produz-se uma luz em um espaço construído. Ela desloca seu equilíbrio, sem contudo dele escapar. Lá existe jogo. É o listrado de um bufão: um divertimento, uma transgressão, uma travessia "metafórica", uma passagem de uma ordem a outra, um esquecimento efêmero no interior das grandes ortodoxias da memória. Todos esses movimentos estão relacionados a organizações e a continuidades. Mas aí introduzem a discreta proliferação de uma criatividade. Esse surripiar da inventividade nas margens dos textos legais exprime o mais frágil e o mais fundamental da ação *humana*. A inumerável *variante* que germina, tal como um mofo, nos interstícios das ordens micro e macrofísicas é a nossa *cultura*.

Por outro lado, não seria possível estabelecer como norma da cultura a forma "literária" ou "artística", digamos elitista, que toma essa prática do desvio. De certo modo, um meio particular impõe a todos como *a* lei aquilo que é somente a *sua* lei. Uma classe privilegiada marca assim seu poder na educação e na cultura. Ela valoriza indevidamente os instrumentos e o material de que se utiliza, exatamente como sua possibilidade de dispor de tempo. Uma máquina de escrever, papel e ócio: esse pequeno mundo demarcaria, por exemplo, o lugar onde a arte pode nascer. Mas essa morada, o traje, a bricolagem, a cozinha, as mil atividades urbanas ou rurais, entre familiares ou amigos, as formas múltiplas do trabalho profissional constituem também campos onde a criação surge por toda parte. O cotidiano está semeado de maravilhas, espuma tão fascinante, nos ritmos prolongados da língua e da história, quanto a dos escritores ou dos artistas. Sem nome próprio, todas as espécies de linguagens dão origem a essas festas efêmeras que surgem, desaparecem e retornam.

Portanto, devemos nos perguntar por que essas expressões culturais produzidas com o vocabulário das ferramentas, dos utensílios, das vestimentas ou dos gestos cotidianos parecem desaparecer diante da porta das fábricas e dos escritórios. Nos lugares onde a produção se concentra, a criatividade aparece apenas como vergonhosa, camuflada nos aperfeiçoamentos técnicos minúsculos que a competência profissional dos trabalhadores pode introduzir no interior das normas impostas pela direção. Ali, ela está reservada aos quadros, ao pessoal dirigente. Está proibida aos outros. A possibilidade de criar somente começa acima de um certo nível social. Ela não é permitida aos "inferiores", justamente aqueles que produzem. A empresa ou a administração exprime a verdade de um sistema quando manifesta também brutalmente a divisão entre "produtores" e "criadores". Ela exibe o princípio que reproduzem as ideologias burguesas organizadoras de políticas pedagógicas ou culturais. A apropriação da criação pelos privilegiados, deuses do capitalismo, reproduz-se em toda a sociedade a começar na fortaleza econômica do seu poder, isto é, a começar nos centros de produção. Nos setores de consumo (as atividades de lazer, o *habitat*, a bricolagem etc.), esse poder pode deixar refluir a criatividade sem que seja ameaçado. Ao contrário, tira proveito dela.

Com a greve da Fiat, em 1970,[10] ou com a autogestão da Lip, durante o verão de 1973,[11] temos a indicação dos reais ganhos da cultura e da luta a ser empreendida pela transformação. Os operários da Fiat reivindicavam o direito de colocar sua marca, de introduzir suas ideias e suas variantes "poéticas" na fabricação dos automóveis – em suma, *o direito de serem criadores*. Era contestar fundamentalmente a abstração capitalista da qual resulta somente um efeito na ideologia que limita os criadores a uma *intelligentsia* de artistas ou de escritores. Com base em um problema de emprego, os operários da Lip reivindicavam o direito de participar da organização socioeconômica do seu trabalho. Alguns visavam mais diretamente à obra; outros, à forma da sua produção. Era agarrar o mesmo problema pelos dois lados, se é verdade que a produção de signos é o modo pelo qual se produz um grupo.

Ações culturais

As técnicas de expressão (teatrais ou de bricolagem, literárias ou profissionais) sempre se integram em uma prática social. A utilização do magnetoscópio, a organicidade necessária à equipe que monta um documentário, as cooperações articuladas com a televisão a cabo farão de uma expressão o modo como um grupo se constitui, toma consciência de si e torna-se o sujeito da sua própria história. A inovação, neste caso, não diz respeito à modernidade dos meios de comunicação de massa utilizados, ainda que eles multipliquem as possibilidades de criação; ela reside na utilização que deles se faz... De resto, por importantes que sejam por sua própria natureza, essas experiências permanecem secundárias e simbólicas, no sentido de não encontrarem sua efetividade nos lugares do trabalho produtivo e da organização socioeconômica.

Sejam quais forem suas modalidades, a *expressão* cultural é, antes de mais nada, uma atividade. A temática das pesquisas atuais fornece, além disso, uma primeira descrição desse fato. Três pontos são particularmente notáveis: 1. *fazer algo com uma coisa*; 2. *fazer algo com alguém*; 3. *mudar a realidade cotidiana* e modificar o estilo de vida, até o ponto de pôr em perigo a própria existência. Por conseguinte, de uma problemática voltada para as representações, para os produtos culturais e para o caráter excepcional da expressão "culta", passa-se para uma perspectiva centrada nas práticas, nas relações humanas e nas transformações das estruturas da vida social. O *operacional*, o *ilocutório*, o *"trivial"* (que é também o fundamental), tais são os eixos da revolução cultural que se esboça na base, disseminada nas inovações que fervilham sob a grama.

As tarefas teóricas nos são expressas por esse trabalho. Desse modo, na indefinição da relação que a "criação" cultural mantém com sua "recepção", seria inútil procurar uma solução. Os próprios termos da questão devem ser revistos. A limitação do ato criador à forma particular que ele toma entre os privilegiados de uma sociedade é o *a priori* social dessa maneira de colocar o problema. O estratagema da questão consiste em eliminar de antemão, com a ideia de "recepção", a hipótese de uma criatividade diferente daquela dos produtores no poder ou de um meio beneficiado.

Inaceitáveis são também os pressupostos da análise que se fixa no produto, por exemplo, no texto, e que negligencia essa práxis que é a leitura. Ela é cega. "Esquece" no mínimo dois problemas essenciais. Por um lado, o sentido de um texto resulta dos procedimentos interpretativos aplicados à superfície desse texto. Do mesmo modo, a permanência dos textos é em si um elemento secundário com relação à disparidade das maneiras de lê-los, uma vez que estas atribuem significados heterogêneos aos mesmos objetos culturais. O valor cultural do mesmo escrito ou da mesma rua[12] varia segundo a utilização que se faz deles, isto é, segundo práticas textuais ou urbanas. Por outro lado, a ideologia que pretende se ater ao texto ou deixá-lo falar ignora seu próprio funcionamento; camufla a exclusividade que ela garante às práticas de leitura próprias a um meio; o que ela *diz* oculta o que ela *faz*, a saber, impedir qualquer outra prática interpretativa.

A leitura é apenas um caso particular, mais sintomático, de uma divisão mais geral entre um estudo concentrado nos produtos e uma análise das ações. Já aí, nesse campo que circunscreve a experiência da leitura, quando a prática do texto (ou da imagem televisiva, ou da rua etc.) recentraliza a pesquisa, surgem os verdadeiros problemas. Desse modo, a homogeneização dos produtos culturais resultantes da racionalização da sua produção não mais oblitera o fenômeno compensatório e, mais importante ainda, de uma diferenciação oculta dos atos interpretativos. Sob a unificação progressiva dos objetos, a heterogeneidade das práticas pode ser levada a sério e, com ela, a efetividade de uma cultura estilhaçada.

Outra questão: é preciso deixar de supor uma cesura qualitativa entre o ato de ler e o de escrever. O primeiro é criatividade silenciosa, aplicada na utilização que se faz de um texto; o segundo é essa mesma criatividade, mas explicitada na produção de um novo texto. Já presente na leitura, a atividade cultural encontra somente uma variante e um prolongamento na escrita. Entre uma e outra, não há a diferença que separa a passividade e a atividade, mas a que distingue maneiras diferentes de *marcar* socialmente o desvio feito em um dado por uma prática. Para que essa marca seja literária, para que a atividade interpretativa seja explicitada na linguagem culta, é preciso haver uma formalização especial, ócio, um lugar na *intelligentsia* etc. A diferença é *sociológica*. De preferência a ceder ao psitacismo de uma divisão entre passivos e ativos, convém analisar como a ação cultural modula-se conforme registros diferentes do repertório social e quais são os métodos graças aos quais essa atividade pode ser facilitada.

De um modo geral, a ação cultural poderia ser representada como uma *trajetória* relativa aos *lugares* que determinam essas condições de possibilidade. Já se trata da *prática de um espaço* construído quando ela aí introduz uma inovação ou um deslocamento. Por "lugares", designo os espaços determinados e diferenciados que organizam o sistema econômico, a hierarquização social, as sintaxes da língua, as tradições consuetudinárias e mentais, as estruturas psicológicas. Há três quartos de século, o desenvolvimento das ciências humanas praticamente identifica-se com a exumação das coerências e dos contratos que formam a estrutura da vida social, coletiva ou individual. A ciência, aliás, não fazia mais do que seguir e tornar manifesto o movimento das nossas sociedades ocidentais. Mas ao construir os vastos quadros desses sincronismos, deixava de lado as ações que os cortam. A despeito da tradição marxista, a práxis era apagada do *objeto* estudado, sem dúvida porque era interior e reservada ao *sujeito* produtor da ciência, isto é, a grupos especializados e aos meios dos quais faziam parte. Seja como for, somos atualmente ricos em conhecimentos e em métodos no que concerne às estruturas, e bastante pobres quando se trata de analisar ações, transformações, em suma, o movimento.

Ora, as ações culturais constituem movimentos. Elas inserem *criações nas coerências* legais e contratuais. Inscrevem trajetórias, não indeterminadas, mas inesperadas, que alteram, corroem e mudam pouco a pouco os equilíbrios das constelações sociais.

Parece-me que em questões culturais devemos orientar nossas pesquisas para essas ações. É superar, ao utilizá-los, os estudos que oscilam entre o exame da *mensagem* (o conteúdo: os temas, os objetos mentais, os valores etc.) e o aperfeiçoamento da mídia (as formas e os veículos da informação). Dentre as tarefas que possam corresponder a essa orientação, apontarei somente duas que teriam como objetivos apreender a relação das atividades e dos sistemas e articular as formações significativas segundo sua produção.

Em primeiro lugar, a própria possibilidade dessas ações implica que os sistemas não sejam mais pensados como objetos estáveis perante o olhar imóvel do saber. Esse saber apoia-se em uma posição de força. Considera como adquirida por uma classe burguesa ou uma sociedade europeia a concessão perpétua do lugar privilegiado que ela ocupa. Os sistemas aparecem antes como estruturas em processo de deslocamento, como equilíbrios de forças em conflito.

A própria ciência não é autônoma com relação a esses conflitos e participa de seus avatares. Se assim é – mas isso requer uma retomada da dialética elaborada por e desde Marx –, um jogo dessas forças oferece o seu lugar a ações que não é mais necessário lançar no *no man's land* utópico de uma espontaneidade sem determinação.

Sobretudo (trata-se de um corolário, mas é importante aqui), a análise fenomenológica e praxeológica* das trajetórias culturais deve permitir apreender, ao mesmo tempo, uma composição de lugares e a inovação que a modifica ao atravessá-las. A evolução de uma experiência pedagógica, de uma república de jovens, de uma equipe teatral ou de uma comunidade com autogestão encontra resistência, torna aparentes os limites qualitativos da sua duração ou da sua extensão espacial etc.: ela revela os "lugares" ao atingi-los. Somente uma ação dá a conhecer aquilo que estava oculto na opacidade da vida social. Uma intervenção já é "cultural", em virtude do que faz sair, assim, da sombra: ela produz efeitos de representação e de transformação sociais. Porém, em consequência desse desvelamento, pode-se depois calcular melhor outros efeitos posteriores; determinar regras operacionais; tirar partido do jogo que permite relacionar lugares sociais ou mentais diferentes; prever os acontecimentos que tornam possível uma bilocação (isto é, uma dupla pertença que faz um lugar "trabalhar" segundo o outro); mas também reconhecer os limites para além dos quais esse jogo se torna, ou perversão que não alcança mais as coisas, ou transgressão que provoca uma rejeição...

Desse modo, torna-se possível uma tática cultural. Ela faz com que a dados mensuráveis corresponda um risco não mensurável – o de existir, que nenhuma ideologia dos "valores" ou "do Homem" poderia envolver. A análise e a prática da inovação nos espaços construídos não tocam no essencial, que é também o mais frágil: um desejo de viver, ao perder as seguranças que cada sociedade multiplica – uma loucura de ser. A cultura tem somente um análogo na sabedoria que don Juan, o feiticeiro yaqui de Castañeda, definia – no sentido de que "controlamos" seu veículo – como a arte de *controlar sua loucura*.[13]

---

* *Praxéologique*: termo não dicionarizado em francês. Conservou-se, portanto, nesta forma também em português. (N.T.)

Notas

1. A relação entre a *representação* planificada e a *utilização* posterior do espaço urbano é um problema com que os melhores estudos sobre as cidades novas se defrontam, mas não podem solucionar. Cf. *Runcorn new town master plan*, Nottingham, 1967; *The plan for Milton Keynes*, Londres, 1970 etc. Para Charles Alexander, a cidade "natural" é um conjunto de sistemas superpostos, não redutíveis a um modelo único; é preciso considerar um sistema "em treliças" (*De la synthèse de la forme*, Dunod, 1971, e "Une ville n'est pas un arbre", em *Architecture aujourd'hui*, 1969). Mas essa pluralidade de sistemas encontra-se no funcionamento efetivo da própria cidade "artificial".

2. De onde as reações do "público" que, cada vez mais, pratica a abstenção em assuntos políticos e intervém nas questões econômicas. Fenômeno geral. Cf. Albert O. Hirschman, *Exit, voice and loyalty*, Harvard University Press, 1970.

3. Esse problema geral acumula-se a um outro, que diz respeito à *representação* dos dados: o resultado de uma análise estatística está estruturado pela variável que deseja ressaltar; ele é o produto e o reflexo da operação construtiva, embora se suponha que ele tenha o poder de revelar a "realidade". Cf. as considerações de Hervé Le Bras, "La mortalité actuelle en Europe. Présentation et représentation des données", em *Population*, t. XXVII, 1972, pp. 271-293.

4. Dever-se-ia, portanto, introduzir a "representação" estatística ou sociológica na análise da "sociedade do espetáculo", tal como fez, pela primeira vez, Raoul Vaneigem (*Traité de savoir-vivre*, Gallimard, 1967) e segundo os métodos que Erving Goffman utiliza com relação à vida cotidiana (*La mise en scène de la vie quotidienne*, Minuit, 1973).

5. Serge Moscovici já previa isso em *La psychanalyse, son image et son public*, PUF, 1961.

6. Oscar Lewis, *Les enfants de Sanchez*, Gallimard, 1963; Miguel Barnet, *Esclave à Cuba*, Gallimard, 1967; Jan Myrdal, *Um village de la Chine populaire*, Gallimard, 1972.

7. James Agee e Walter Evans, *Louons maintenant les grands hommes*, Plon, 1972.

8. Cf. as análises de Alfred Willener, *L'image-action de la société*, Seuil, 1970, e Paul Beaud e A. Willener, *Musique et vie quotidienne*, Mame, 1973.

9. Ver especialmente *Langages*, n. 17, 1970 "L'énonciation".

10. Acerca dos acontecimentos da Fiat (1969-1970) e seu contexto, cf. *Il manifesto*, Seuil, 1971, pp. 99-150.

11. Cf. Edmond Maire, Charles Piaget etc., *Lip 73*, Seuil, 1973; Chales Piaget, *Lip*, Lutter-Stock, 1973 etc.

12. A cidade como *objeto de uma prática de leitura* já foi estudada recentemente por Kevin Lynch (*L'image de la ville*, Dunod, 1969) ou por Claude Soucy (*L'image du centre dans quatro romans contemporains*, CSU, 1971, sobretudo na primeira parte). Mas a essa prática imaginária da cidade, apenas começamos a acrescentar as práticas efetivas, os modos pelos quais uma cidade, ruas, praças etc. são vivenciadas. Cf. M. Castells, *La question urbaine*, Maspero, 1972.

13. Carlos Castañeda, *Voir. Les enseignements d'un sorcier yaqui*, Gallimard, 1973, p. 87.

Especificações técnicas

Fonte: Bookman ITC Lt BT 11 p
Entrelinha: 12,7 p
Papel (miolo): Offset 75 g/m^2
Papel (capa): Cartão 250 g/m^2